MAGIA PRATICA E STREG
E GLI INCANTESIMI PIU' PC
TRADIZIONE MAGICA

VOL. 7
RITI PER IL MALE: FATTURE, MALEDIZIONI, TALISMANI E ALTRI MALEFIZI

GIACOMO ALBANO

INTRODUZIONE

A prescindere dalle idee personali in merito ai cosiddetti riti "malefici", è fuori discussione che lo studioso di magia dovrebbe conoscere tutti i tipi di tecniche e di incantesimi. Non è poi detto che debba usarle tutte, né che le userà frequentemente. In tal modo, quando imparerà a creare i suoi riti personali, potrà attingere a questo più vasto repertorio, eventualmente anche usando alcune tecniche per uno scopo in tutto o in parte diverso da quello originario. Questo vale anche per le tecniche che si usano per maledizioni, fatture, talismani malefici ecc…Mi auguro che nessuno dei miei lettori goda a fare il male per il puro gusto di farlo, ma mi auguro anche che nessuno voglia negare l'esistenza del male e la conseguente necessità di imparare a fronteggiarlo, e talora a ritorcerlo contro chi ce lo manda. Purtroppo l'esperienza insegna che in alcuni casi non basta perdonare il nemico per allontanarlo da noi…

Il tema dei riti per il male è strettamente legato a quello dei riti per la protezione magica, al quale è dedicato un altro volume di questa collana. E questo sia perché questi ultimi servono anche per proteggersi dai malefizi, sia perché a volte la miglior difesa è proprio l'attacco.

Una persona che non ha una specifica tendenza per il male dovrebbe usare questi riti pochissime volte nella vita, ovvero soltanto quando non ha altra via di uscita per neutralizzare una persona o una situazione pericolosa.

E si può anche decidere che mai e poi mai si ricorrerà a questo tipo di magia…ma questo non significa che non bisogna conoscerla.

Nella prima parte di questo settimo volume esaminiamo le erbe e le altre sostanze (polveri, oli, ecc…) utili in questo tipo di riti e la maniera di usarle.

Nella seconda parte, dopo aver dato le indicazioni per la scelta del momento astrologico migliore per questo tipo di riti, illustriamo i principali incantesimi malefici elaborati dalla tradizione hoodoo, dall'uso dei famosi pupazzi agli incantesimi di congelamento in cui si usa mettere i materiali del rito nel freezer, fino ai riti di tipo "crossing" basati sulla collocazione di certi segni e sostanze sulla strada che percorrerà il nemico.

Nella terza parte passiamo invece in rassegna i riti malefici di magia astrologica e i talismani per danneggiare o punire qualcuno, tratti sia dal Picatrix che da altre fonti antiche.

La quarta parte illustra invece tutto ciò che è necessario per realizzare talismani malefici basati sui 36 decani, le immagini, i nomi dei decani, il colore, i sigilli ecc…

La quinta parte illustra invece le tecniche usate nei rituali di esecrazione dell'antico Egitto. Vedremo in particolare come i rituali elaborati per sconfiggere e neutralizzare le forze del Caos impersonate da Apophis e Seth possono essere usati (con i debiti adattamenti) anche per annientare i nemici. Parleremo anche dei sacrifici agli dei ctoni (quelli ai quali di solito ci si rivolge per questo tipo di cose) e delle famose *defixiones*. La *defixio* era una lamina di piombo incisa a graffio, arrotolata su se stessa e trafitta con chiodi. I ritrovamenti archeologici indicano che queste tavolette erano molto usate nella Grecia e a Roma. Si trattava di vere e proprie maledizioni, il che spiega l'uso di un materiale freddo e pesante come il piombo, della scrittura a graffio e dei chiodi. Sempre a questo scopo spesso la grafìa stessa era volutamente distorta o fatta in senso inverso (da destra verso sinistra) o con caratteri bustrofedici e simbolismi quasi indecifrabili (queste ultime precauzioni servivano soprattutto a rendere illeggibile il testo alle eventuali terze persone che avessero trovata la tavoletta). Le defixiones erano per lo più indirizzate agli dei ctoni e si prefiggevano di danneggiare un avversario il cui nome era solitamente scritto su di esse, talora insieme ad altri dati che ne consentissero una più precisa identificazione, come il nome dei genitori o il soprannome. Su di esse era inciso anche il testo dell'anatema. Di solito erano corredate da simboli e sigilli.

Mi auguro che il lettore avveduto saprà fare un uso saggio e corretto dei preziosi strumenti che troverà in questo libro.

Quanto agli altri libri della collana, per il momento soltanto alcuni sono in vendita su Amazon e gli altri rivenditori on-line. Tutti gli altri possono essere acquistati direttamente dal sottoscritto, scrivendomi a spica3213@gmail.com, oppure su Ebay, o anche qui http://www.lulu.com/spotlight/Astrologo

INDICE

PARTE TERZA
RITI MALEFICI DI MAGIA ASTROLOGIA E TALISMANI PER DANNEGGIARE O PUNIRE QUALCUNO...pag.27

Talismano della ventitreesima dimora lunare per dividere coniugi e far fuggire prigionieri

Talismano della ventitreesima dimora lunare per la distruzione e devastazione

Talismano della venticinquesima dimora lunare per legare i coniugi così che non possano più far sesso o per legare qualsiasi parte del corpo umano, per assediare città, vendicarsi dei nemici e separare coniugi.

Talismano della ventisettesima dimora lunare per distruggere le ricchezze altrui, impedire la costruzione di edifici, rendere pericolosi i viaggi per mare, prolungare la carcerazione di qualcuno o fare qualsiasi altro tipo di male

Talismano della ventottesima dimora lunare per assediare città, distruggere un luogo, rendere ferma la detenzione dei prigionieri, danneggiare i naviganti

Talismano del picatrix per distruggere il nemco

Un'altra immagine per la distruzione di un nemico

Immagine per impedire la costruzione di edifici

Immagine per scacciare una persona da un certo luogo

Un'altra immagine per scacciare gli scorpioni da un certo luogo (adattabile a qualsiasi altro animale)

Un esempio di preghiera per la separazione e l'inimicizia (Picatrix, libro 1, cap.5)

Caratteri e segni magici dei due pianeti malefici

Invocazione ad Algol per punire i nemici

Immagine di Saturno per causare discordia tra due persone

Talismano di Marte per fare ciò che desiderate, nel bene o nel male (Picatrix, libro 2, cap.10)

Talismano di Marte per causare paura e terrore negli altri (Picatrix, libro 2, cap.10)

Invocazione alla stella Alkaid (Benetnash) per vendicarsi dei nemici

PARTE QUARTA
I TALISMANI MALEFICI DEI DECANI..............pag.61

Note generali

Talismano del primo decano del Toro per la depravazione, la povertà, la miseria e la paura

Talismano del secondo decano dei Gemelli per mali, inganni e afflizione

Talismano del terzo decano della Vergine per la debolezza, la vecchiaia, la malattia, la pigrizia, la rovina delle membra, la distruzione del popolo

Talismano del terzo decano della Bilancia per le azioni cattive, la sodomia, l'adulterio, i musici, le gioie e i sapori

Talismano del primo decano dello Scorpione per la tristezza, la cattiva volontà e l'inimicizia

Talismano del terzo decano dello Scorpione per le cattive azioni e la violenza sulle donne

Talismano del secondo decano del Sagittario per la paura, il lamento, il lutto, il dolore, la miseria e l'inquietudine

Talismano del terzo decano del Sagittario per i pensieri malvagi, le

avversità, i cattivi risultati, le cattive intenzioni, l'inimicizia, la dispersione, le azioni malvage
Talismano del primo decano dell'Acquario per la miseria, la povertà, la schiavitù
I nomi dei 36 decani
I sigilli dei 36 decani secondo il Codex Vindobonensis

Come sconfiggere e neutralizzare le forze del caos impersonate da Apophis e Seth
Sacrifici agli dei ctoni
Defixiones a scopi amorosi nelle pratiche magiche antiche
Le tavolette di maledizione o "defixiones"
Come creare una bottiglia di Marte per proteggersi e/o attaccare
Offerte ad Ecate

PARTE PRIMA
MATERIA MAGICA: ERBE E ALTRE SOSTANZE UTILI
NEI RITI MALEFICI

Asafoetida

Questa pianta è chiamata anche "sterco del diavolo". Per vendicarvi di un nemico, mescolate *asafoetida* con sale, *Black Cat Oil, Crossing Incense*.[1] Bruciate il tutto su un carboncino invocando l'aiuto degli spiriti maligni. Alcuni sostituiscono l'incenso con acqua borica (cioè acqua in cui viene disciolto acido borico) e spruzzano il miscuglio sulle automobili dei loro nemici, nel luogo in cui lavorano (se vogliono fargli perdere il posto) ecc...
Per maledire un nemico, usate un chiodo da bara per incidere il suo nome su una candela nera del diavolo. Rivestitela con *Black Arts Oil* e rotolatela in asafoetida. Bruciatela in una notte di Luna piena e mentre brucia maledite il nemico chiamandolo per nome tre volte.

Pepe nero

Se avete qualche link biologico del nemico come capelli o ritagli di unghie, potete mescolarli con pepe nero, sale, peperoncino rosso e zolfo, mettere il tutto in una bottiglia e nasconderla sotto la soglia della casa del nemico, in modo tale che ci passi sopra.

Acido borico

Si usa scioglierlo nell'acqua, la quale viene poi sprizzata sulle erbe usate nei riti per maledire o danneggiare qualcuno. Spesso il tutto viene poi sparso sul tragitto del nemico, e più precisamente sulle impronte dei suoi piedi.

Cactus

Le sue spine possono essere usate per scrivere sulle candele i nomi delle persone da danneggiare. Oppure si usano queste spine per pungere un pupazzo che rappresenta la persona da danneggiare. E possono essere anche inserite negli incantesimi basati sull'uso di una bottiglia insieme a chiodi, aghi, schegge di vetro ecc...Di questi incantesimi parleremo meglio più avanti.

Chiodi

Se volete far ammalare o morire qualcuno, scrivete nove volte il suo nome su un pezzo di carta e avvolgetelo intorno a un suo capello. Mettetelo in una bottiglia con nove chiodi, nove spilli e nove aghi. Aggiungete *Crossing*

---

[1] Sulle informazioni di questa sezione, v. C. Yronwode: *Hoodoo Herb and Root Magic,* Lucky Mojo, 2002. A chi conosce l'inglese consiglio la lettura dell'intero libro.

Powder, Goofer Dust, Graveyard dirt. Seppellite la bottiglia davanti alla porta di casa del nemico.

Serpente

Tutte le parti di un serpente possono essere usate nei riti malefici: testa, pelle, sangue, uova ecc...Se dunque durante una passeggiata in campagna vi imbattete nella pelle di un serpente che ha fatto la muta, vi consiglio di conservarla. E se vi dovesse capitare di uccidere un serpente, potete prelevarne anche altre parti, per esempio il sangue, che poi potete far seccare insieme alle altre parti dell'animale per produrre polveri malefiche come la cosiddetta *Goofer Dust.*

Goofer Dust

È un preparato fatto di un miscuglio di molte sostanze, per esempio terra di cimitero, zolfo, pelle di serpente, peperoncino rosso, lumache polverizzate, verbasco.

Ci sono molti modi per usarla. Per esempio potete mescolarla con la terra su cui il nemico ha lasciato l'impronta dei suoi piedi e mettere il tutto in una bottiglia che poi viene nascosta o gettata in acqua corrente.

Oppure potete spargerla camminando all'indietro intorno alla casa del nemico o alla sua stanza da letto. Ma meglio metterla in un posto in cui non sia spazzata via subito dal vento o da mani umane, in quanto è il suo permanere sul posto che provoca i veri danni.

Se fate un malefizio di lungo termine contro un nemico, potete bruciare candele nere sulla sua fotografia messa a testa in già sul coperchio del vostro w.c. Invece di lasciare che le candele si spengano naturalmente, alcuni mettono sul coperchio una salsa nutrita di Goofer Dust, in modo tale che possono capovolgere le candele e spegnerle in essa mentre lanciano la maledizione.

Quando il vostro bersaglio la calpesta, il primo sintomo di solito è rappresentato da dolori acuti ai piedi e alle gambe, seguiti da gonfiori e incapacità a camminare.

Tabacco

Di solito nell'hoodoo il tabacco si usa nei riti di controllo e dominazione, ma può essere usato anche nei riti per danneggiare qualcuno. In quest'ultimo caso si brucia tabacco nero, da solo oppure mescolato con *Black Arts Incense,* e accanto si bruciano candele nere capovolte per la distruzione dei nemici.

Semi di senape nera o marrone

Questi semi si usano soprattutto per confondere i nemici, quindi sono usati soprattutto nei riti del tipo *Law Keep Away* e *Court Case.* (Vedi quanto detto a questo proposito nel volume di questa collana dedicato ai processi e alle questioni legali).

Terra o polvere di cimitero
Di solito quando la si prende da un cimitero si usa ripagare gli spiriti con monete o whiskey. Può essere usata per causare malattie ai nemici, ma anche per la fortuna nel gioco, per la protezione e per gli incantesimi d'amore. Questo perché nella tradizione africana si ritiene che tramite essa si possa ottenere l'assistenza dei defunti.
È anche uno dei principali ingredienti della *Goofer Dust*.
Se il vostro scopo è malefico, potete prendere questa terra o polvere dalla tomba di qualcuno morto di mala morte e mescolarla con polvere di zolfo e capelli o altri effetti personali del nemico. Si mette il tutto in una bottiglia con nove spilli, nove aghi e nove chiodi, che poi viene seppellita sotto la soglia di casa del nemico con la Luna calante.

Aceto
Essendo l'opposto di un dolcificante, l'aceto si usa per creare amarezza e disaccordo. Quanto al famoso *aceto dei quattro ladri*, si usa sia per la protezione, sia per creare confusione e discordia tra i nemici.
Per maledire un nemico, scrivete il suo nome su carta marrone con l'inchiostro Sangue di Drago e tracciatevi sopra una grande X nera. Avvolgete questo *name-paper* intorno a un peperoncino rosso intero e seccato e legatelo con un filo nero. Immergete questo pacchetto in un vaso pieno di aceto dei quattro ladri e chiudetelo. Nelle successive 13 notti durante la Luna calante, bruciate una candela nera rivestita di *Crossing Oil* a testa in giù sul coperchio del vaso iniziando sempre in un'ora in cui entrambe le lancette dell'orologio stanno andando verso il basso, per esempio dalle 15.01 alle 15.29 ecc...Quando accendete la candela, pronunciate 13 volte ad alta voce la vostra maledizione. Ecco un esempio:
X, come Dio è il mio difensore, possa la tua fortuna sparire; X, come Dio è il mio difensore, possa la tua mente confondersi e indebolirsi; X, come Dio è il mio difensore, possa la tua famiglia abbandonarti; X, come Dio è il mio difensore, possa ogni cosa dolce della tua vita trasformarsi in una cosa amara come questo aceto.
Bruciate una candela ogni notte e fate accumulare la cera sul coperchio del vaso e ai suoi lati.
Una volta trascorse le 13 notti, potete anche ricominciare il tutto con la successiva Luna calante, finché non ottenete lo scopo.

Radice di cicoria
Si suole bruciarla su carboncino insieme a peperoncino rosso e altre erbe malefiche per rendere più forte una maledizione contro un nemico.

Zolfo
Lo si usa sia nei riti malefici, sia in quelli per neutralizzare un malefizio lanciato contro di noi. Può essere anche bruciato, ma poiché i fumi sono tossici è meglio farlo solo all'aria aperta.

Per uccidere un vostro nemico, disegnate una bara su un uovo di gallina nera e scrivete il nome del nemico dentro la bara. Avvolgete l'uovo in un panno di lana e seppellitelo in un buco davanti alla porta di casa del nemico. Lasciatelo per otto giorni e poi scopritelo dal panno che lo avvolge. Versate un cucchiaio da thè di zolfo, uno di sale e uno di pepe nero nel buco sopra l'uovo e copritelo di nuovo. Il nono giorno l'uovo si romperà e il nemico morirà. Questo almeno è ciò che dice la tradizione hoodoo.

Oppure, per danneggiare una persona, potete tracciare una croce con lo zolfo sulle impronte dei suoi piedi.

Per scacciare qualcuno, raccogliete la terra calpestata dal suo piede sinistro, mescolatela con zolfo e polvere da sparo e mettete il tutto su un pezzo di carta marrone. Accendete i quattro angoli del pezzo di carta con un fiammifero e indietreggiate: esso esploderà e il nemico sarà costretto a lasciare la città o il luogo da cui volete scacciarlo.

PARTE SECONDA
RITI MALEFICI DELLA TRADIZIONE HOODOO

La scelta del momento astrologico migliore per celebrare un rito "malefico"

Chi non pratica la magia astrologica e vuole fare un rito per danneggiare qualcuno o qualcosa, è spesso costretto a ricorrere all'evocazione di entità maligne, cosa che presenta non pochi problemi, sia di ordine morale che di sicurezza per l'operatore.

Uno dei grandi vantaggi della magia astrologica – e quindi della scelta di un corretto *timing* per le operazioni – sta appunto nel fatto che celebrando un rito in un momento già di per sé malefico, noi possiamo limitarci a incanalare le energie cosmiche verso i nostri scopi, senza essere costretti a ricorrere all'aiuto di diavoli e spiriti maligni.

Certo, per far questo è necessaria una buona conoscenza dell'astrologia e tener presente che dovremo comunque invocare l'aiuto dei pianeti malefici come Marte e Saturno, e/o di quelli che in quel momento sono nella condizione astrologica che meglio si presta ai nostri scopi.

La Luna dev'essere calante in luce, meglio ancora se in procinto di entrare nella combustione (la quale inizia quando la Luna si trova a 8°30' di distanza dal Sole).

La Luna (o qualsivoglia altro pianeta) in procinto di entrare nella combustione, o che sta entrando nella combustione proprio in quel momento, produce effetti molto peggiori di una Luna (o di un pianeta) già combusti, perché l'ingresso nella combustione è una fase "critica" che indica e favorisce un imminente cambiamento in peggio della situazione.

Ovviamente gli effetti saranno ancor più pesanti se la Luna (o il pianeta che rappresenta il nemico) sono nelle loro debilità essenziali, cioè esilio o caduta (peggio ancora se sono nel grado esatto della loro caduta). Anzi, se non riuscite a celebrare il rito facendo uso della combustione, potete accontentarvi della debilità essenziale, specialmente se associata a una congiunzione, quadrato o opposizione con Marte o con Saturno.

Ancor più malefiche sono le eclissi: un'eclisse lunare o solare visibile dal luogo in cui vi trovate è la condizione ideale per questo tipo di riti. L'unico rischio è quello di eccedere nel male, nel senso che le conseguenze potrebbero andare al di là di ciò che voi stessi desiderate. Anche in questo caso l'ideale è agire proprio mentre l'eclisse è in corso, mentre l'oscuramento del luminare sta aumentando. Ma attenzione: i talismani fatti in prossimità di una eclisse sono potenzialmente mortali, e ancor più se è un'eclisse affitta da congiunzioni, quadrati o opposizione a Marte e a Saturno.

Le case più malefiche sono la sesta, la dodicesima e l'ottava. In alcuni casi potete anche fare uso di una strettissima congiunzione applicativa a stelle malefiche come Algol e Antares.

Un altro punto interessante è questo: in queste carte elettive il nemico è rappresentato dal signore dell'Asc o da quello del Disc? Se noi non abbiamo un ruolo nella questione, in quanto ci preme semplicemente colpire quella certa persona, essa sarà rappresentata dal signore dell'Asc; se invece abbiamo un ruolo (perché per esempio si interessa manipolarlo, sottometterlo al nostro volere, convincerlo ecc...), allora il signore dell'Asc rappresenterà noi, mentre quello del Disc sarà il nemico. In tal caso, se la persona è legata a noi da un rapporto più specifico – perché per esempio è un vicino di casa, un parente ecc...- possiamo anche considerare la casa che lo rappresenta in questa sua funzione, specialmente se non si tratta di un nemico dichiarato con cui sia già in atto una vera e propria sfida.

In ogni caso la Luna sarà sempre un suo cosignificatore, quindi una Luna malmessa è condizione indispensabile per questo tipo di riti, anche perché è sempre e comunque anche un significatore del corso degli eventi.

Se il rito consiste nella creazione di un talismano malefico, liberatevene il prima possibile ed eventualmente indossate un paio di guanti per maneggiarlo durante il rito. Esso dev'essere subito collocato nei pressi dell'abitazione della persona da colpire.

Il governatore del segno della Luna non deve essere cadente, altrimenti gli effetti cesseranno ben presto, che siano positivi o negativi.

Se la Luna è veloce, è buona per i talismani benefici, ma può leggermente diminuire gli effetti di quelli malefici.

Se la Luna è lenta ma sopra i 12° di passo giornaliero, è ottima per gli effetti malefici. Ma se ha passo inferiore a 12°, è inutile per qualsiasi cosa.

Ogni elezione con la Luna sull'Asc o anche nella prima casa diventa malefica. Il talismano opererà con ostilità e in modo tale da pervertire le vostre intenzioni.

I talismani dei decani indicati come malefici dalla tradizione sono tra i più "cattivi", e questo perfino se il pianeta è dignificato. Per esempio bisogna stare attenti a fare talismani con Mercurio in Vergine se il pianeta è nel terzo decano, in quanto si tratta di un decano malefico.

Ma che dire se il signore dell'Asc è retrogrado o se un pianeta retrogrado è sull'Asc? Secondo il Picatrix in questi casi le cose andranno lentamente, con molta fatica e spesso falliranno del tutto. Quindi se lo scopo è creare un talismano per azzoppare qualcuno, si tratta di un fattore molto efficace. Ma se invece volete distruggerlo, rischiate di minare il vostro stesso progetto.

E ora elenchiamo alcune istruzioni dettate dal Picatrix per questo tipo di riti:

Per fare cose cattive: la Luna in Cancro o in Bilancia (che sono rispettivamente la caduta e l'esilio di Marte) in aspetto con Marte, oppure congiunta a Marte nell'Asc o in settima casa.

Per la discordia e l'odio: la Luna in Ariete o Cancro (che sono rispettivamente la caduta e l'esilio di Saturno) quadrata o congiunta a Saturno.

Per legare le malelingue: si operi di notte e con la Luna sotto i raggi del Sole.

Per le opere malefiche è bene che i significatori siano in aspetto solo con i malefici, mentre per le benefiche sarebbe meglio evitare aspetti ai malefici anche se armonici.

Incantesimo tradizionale di New Orleans che fa uso di una bara

Serve per eliminare un nemico dalla nostra vita. Occorrono una piccola bara nera e molti altri ingredienti: un pupazzo hoodoo di colore nero, un piatto, un crocefisso, l'olio detto *fiery wall of protection* e la polvere della stessa linea, una radice di angelica, un'immagine benedetta dell'Arcangelo Michele, sette candele da offertorio color porpora, una candela bianca, terra di cimitero, una piccola bara nera, una cordicella, nove monete da un centesimo, una piccola bottiglia di rum.

Appoggiate la croce davanti al piatto e ungetela con l'olio *fiery wall of protection*. Ungete con esso anche la radice di angelica. Tracciate un circolo di protezione intorno alla croce e alla radice di angelica con la polvere *fiery wall of protection*.

Mentre fate tutto questo, ripetete questa frase:

San Michele Arcangelo, proteggimi e difendimi in battaglia

Quando avete finito di ungere la croce e la radice di Angelica, mettete l'immagine di San Michele Arcangelo al centro del cerchio e cospargetela con un po' della polvere *fiery wall of protection*. Mettete la candela bianca nel cerchio. Quindi prendete le sette candele porpora e scrivete sulle candele i nomi di sette entità, cioè gli angeli, santi o spiriti che rappresentano il vostro personale esercito di protezione. Su ogni candela dovete scrivere uno di questi nomi.

Ungete le candele con lo stesso olio e fatele rotolare sulla polvere di protezione. Mettete le candele sul cerchio di protezione, sulla radice di angelica e sull'immagine dell'arcangelo Michele. Spargete un po' della polvere sull'immagine, sulla croce e sulla radice di angelica.

Mettete la terra di cimitero in un normale piatto per mangiare. Attaccate una foto del vostro bersaglio al pupazzo hoodoo con uno spillo nero e scrivete il nome del bersaglio nove volte su un pezzo di carta pergamena. Poi girate il foglio e su questo nome (incrociandolo con righe ad esso perpendicolari) dovete scrivere nove potenti parole che descrivono i vostri sentimenti per lui, come malattia, odio, male ecc…

Attaccate questo pezzo di carta al pupazzo con uno spillo nero, poi appoggiatelo sulla terra di cimitero che si trova nel piatto. Mettete il piatto alla sinistra del cerchio. Fate attenzione a non mettere la bambola e il piatto all'interno del cerchio di protezione.

Accendete le candele viola in senso orario, poi accendete la candela bianca. Ripetete la seguente preghiera:

San Michele Arcangelo, difendimi in battaglia.
Sii la mia protezione contro la malvagità e le insidie del diavolo.
prego umilmente Che Dio lo rimproveri.
E tu, o Principe dell'Esercito Celeste,
per il Divino Potere di Dio,
scaglia nell'inferno Satana e tutti gli spiriti malvagi,
che vagano per il mondo alla ricerca della rovina delle anime. Amen.

Poi pronunciate una vostra sentita preghiera personale, chiedendo al vostro esercito di protettori guidato da San Michele Arcangelo la protezione e l'assistenza divina che vi aiutino ad allontanare il nemico dalla vostra vita. Quindi accendete il pupazzo nero e mentre brucia dìte:

Il tuo male ti ritorna!
Il tuo male è annullato!
Il tuo male è disfatto!
Il tuo male è fatto!
Tu sei finito!

Lasciate che il pupazzo si bruci nel piatto. Quando si spegne, mettete la terra del cimitero e i resti del pupazzo all'interno della bara nera. Prendete la croce, la radice di Angelica e l'immagine di San Michele Arcangelo e avvolgetele nel panno bianco pulito. Ungete il panno con l'olio di protezione e cospargetelo con la polvere (sempre quella di protezione, ovviamente). Legatelo con sette nodi per rappresentare il vostro esercito di sette entità protettrici. Appendetelo dietro la vostra porta d'ingresso per proteggervi. Potete anche portarlo con voi come talismano protettivo.

Prendete la bara con i resti e il piatto e andate in un cimitero. Trovate una tomba con una croce e seppellite la bara sotto l'albero più vicino alla tomba. Quindi prendete il piatto e gettatelo con tutta la vostra forza contro il muro della tomba, rompendo il piatto. Lasciate nove spiccioli e una bottiglietta di rum ai cancelli del cimitero mentre uscite per ricompensare gli spiriti. Giratevi, lasciate il cimitero e non tornate mai più in quel punto. Se non vivete a New Orleans, potete andare in qualsiasi cimitero e trovare una tomba con una croce da usare per questo incantesimo. Fate un giro intorno al cimitero, poi andatevene e non tornate mai più in quel punto.

L'uso dei pupazzi hoodoo a fini malefici

Se desideri invocare il male su qualcuno attraverso una bambola che lo rappresenta, allora puoi usare usare aghi o spilli normali, una fune, del filo di metallo, l'acqua o qualunque altro strumento di tortura desideri. Alla fine, seguendo le tecniche di concentrazione, focalizzati sulla persona che vuoi danneggiare e sulle azioni che stai facendo contro di lei.

In alcuni casi gli spilli servono per fare del male. Per esempio, se vuoi avere il controllo su una persona, usa lo spillo rosso, concentrati sul tipo di potere a cui vuoi sottomettere l'individuo e conficca lo spillo nella testa della bambola. Ricorda di purificare la bambola dalle energie passate. Se la bambola era associata a qualcun altro, allora il male potrebbe ricadere su quest'altra persona che non vuoi ferire!

La bambola si usa per rappresentare lo spirito di una persona specifica. Dovresti rivolgerti a essa come se stessi parlando con quella persona, chiedendole di cambiare atteggiamento e influenzando così il suo comportamento in base alla tua volontà e ai tuoi desideri.

La maggior parte delle pratiche hoodoo richiede una connessione con l'universo e gli spiriti. Se dubiti del loro potere o non sei capace di concentrarti su questa connessione, il tuo rito probabilmente non avrà alcun effetto. Ecco perché la pratica hoodoo di New Orleans prevede che le bambole siano benedette da un praticante esperto, in modo che si connettano con gli spiriti in maniera più diretta.

Ma fai attenzione: la maggior parte dei praticanti esperti di hoodoo consiglia di usare le bambole solo per fare del bene perché, come dice il proverbio, "chi semina vento raccoglie tempesta".

Il feroce incantesimo del fegato

Quando volete colpire magicamente un avversario, dovete rovesciare su di lui in rapida successione una serie di riti e maledizioni, così che non possa difendersi da tutto. Questo vale anche quando dovete difendervi da un attacco altrui in una lotta magica.

Spesso non basta solo difendersi e la miglior difesa è un buon attacco. Il seguente rito può essere usato a tal fine insieme ad altri incantesimi[2].

Procuratevi un fegato di maiale o di manzo e tagliatelo con un coltello molto affilatp. Su un foglietto scrivete cose come "l'animadelmionemico" o simili con una grafia rotta e con una scrittura a specchio lungo il bordo. Poi ripetete per 8 volte la scritta: "mortedistruzionefolliamalattia", "la tombatiingoia" o simili, sempre con scrittura rotta, interecandola con una fila di 8 volte cose come "ilmiovoleresiacompiuto". Questa carta dev'essere inserita nel fegato che avrete tagliato e aperto con il coltello affilato. Sul retro scrivete "la Porta per il sigillo dell'Inferno". Io uso inchiostri di diversi colori, ma va bene anche il nero. Spargete polvere di zolfo e di valeriana sulla carta e avvolgetela in pelle di serpente prima di inserirla nel fegato e chiuderla là. Oppure potete usare polvere di sepolcro (dust goofer). Prendete 36 spilli e ungetene le punte con il vostro olio di maledizione preferito. Sputate sul fegato come per battezzarlo e dichiarate che esso è l'anima del vostro nemico. Indossate un paio di guanti monouso e mettete il fegato in un mix di melassa di canna e della vostra urina. Spingete gli spilli dentro il fegato, e mentre lo fate recitate il seguente incantesimo:

"Nel nome di (esseri spirituali che invocate) io (elencate le vostre qualifiche e iniziazioni) e tutti coloro che mi servono e mi aiutano:

1. Colpisci il piede sinistro del mio nemico
2. Colpisci il piede destro del mio nemico
3. Colpisci lo stinco sinistro del mio nemico
4. Colpisci lo stinco destro del mio nemico
5. Colpisci la coscia sinistra del mio nemico
6. Colpisci la coscia destra del mio nemico
7. Colpisci i genitali del mio nemico
8. Colpisci i fianchi del mio nemico
9. Colpisci la vescica del mio nemico
10. Colpisci gli intestini del mio nemico
11. Colpisci il pancreas del mio nemico
12. Colpisci lo stomaco del mio nemico
13. Colpisci il fegato del mio nemico
14. Colpisci il cuore del mio nemico
15. Colpisci il polmone sinistro del mio nemico
16. Colpisci il polmone destro del mio nemico
17. Colpisci la mano sinistra del mio nemico
18. Colpisci la mano destra del mio nemico

---

[2] Il rito è stato presentato da Clifford Hartleigh nel suo gruppo di magia astrologica di Facebook, e potete leggerlo in inglese nel suo blog che si chiama *The Sorcerer's blog.*

19. *Colpisci il braccio sinistro del mio nemico*
20. *Colpisci il braccio destro del mio nemico*
21. *Colpisci il collo del mio nemico*
22. *Colpisci la lingua del mio nemico*
23. *Colpisci le labbra del mio nemico*
24. *Colpisci il discorso del mio nemico*
25. *Colpisci l'orecchio sinistro del mio nemico*
26. *Colpisci l'orecchio destro del mio nemico*
27. *Colpisci l'occhio sinistro del mio nemico*
28. *Colpisci l'occhio destro del mio nemico*
29. *Colpisci i denti del mio nemico*
30. *Colpisci la faccia del mio nemico*
31. *Colpisci il cranio del mio nemico*
32. *Colpisci il cervello del mio nemico*
33. *Colpisci il sangue caldo del mio nemico*
34. *Colpisci la forza del mio nemico*
35. *Colpisci la gioventù del mio nemico*
36. *Colpisci la speranza del mio nemico*
Il mio nemico non può sfuggirmi. Il mio nemico non può scappare. Il mio nemico non può.

Scavate un buco in un cimitero accessibile (può andar bene anche un cimitero per animali o un luogo in cui avete seppellito nel passato i vostri animali domestici) e sputateci dentro. Mettete il fegato nel buco e ricoprite. Andatevene senza voltarvi indietro.

Come alterare e adattare bevande e altre sostanze a fini magici
Nel suo già citato blog Clifford Hartleigh si sofferma sui possibili usi magici di una bevanda chiamata Sriracha. Essa contiene alcuni tipici ingredienti di pozioni malefiche o hot foot, pepe, sale, aceto, bisolfito di sodio ecc...Per renderla una bevanda *"hot foot"* basterebbe quindi aggiungere pepe nero, zolfo ed altri tipici ingredienti degli incantesimi "malefici"[3].
Poiché in questo caso l'assunzione avverrebbe per via orale (e non tramite i piedi), anche gli effetti potrebbero essere diversi, per esempio la persona potrebbe confessare le sue menzogne e tradimenti. A tal fine si può inserire nella bottiglia un sottile pezzo di carta su cui viene scritto lo scopo o richiesta. Si potrebbe aggiungere un po' della bevanda al cibo da servire alla vittima. Forse si potrebbe scrivere la richiesta sul piatto usando il liquido stesso, da versare tramite l'ugello; poi si metta cibo sopra, così che esso nasconda il testo.

Supponiamo ora di voler usare la stessa bevanda per far ammalare o morire qualcuno. Gli ingredienti più classici della malefica *Lucky Mojo's Goofer Dust* sono la polvere di cimitero, zolfo polverizzato, sale, testa o pelle di serpente polverizzata, peperoncino rosso, pepe nero, ossa polverizzate, insetti o

---

[3] A mio giudizio i riti del tipo *hot foot* (che servono ad allontanare qualcuno da noi o dal nostro ambiente) devono essere considerati riti a scopo di protezione, in quanto servono non tanto a danneggiare qualcuno, quanto a tutelare noi stessi. Proprio per questo li ho

lumache polverizzate, erbe grigiastre come verbasco e salvia, i detriti di ferro neri che si trovano intorno all'incudine di un fabbro.

Prendete piccole quantità di questi ingredienti, macinateli e aggiungeteli alla sriracha mescolando il tutto. Usate poi in uno dei modi sopra descritti.

Incantesimi hoodoo con le bottiglie per separare due persone

Sulle due bottiglie si scrivono i nomi delle persone che si desidera separare e in esse si inseriscono peli di un cane nero e peli di un gatto nero, così che le due persone litigheranno come cani e gatti.

A questi peli sono aggiunti – per far si che i due si danneggino a vicenda - 9 aghi, 9 spilli e 9 chiodi da bara arrugginiti. Per farli arrabbiare si aggiunge peperoncino rosso o peperoncini rossi interi e alcune polveri come quelle chiamate *Break Up, Separation, Hot Foot powders, Goofer Dust,* o *Graveyard Dirt.* La scelta tra queste polveri dipende dallo scopo: si tratta di far separare una coppia o di scacciare una persona indesiderata?

Tenete presente che nell'hoodoo le bottiglie possono essere usate anche solo per danneggiare una singola persona, nel qual caso si faranno i debiti adattamenti (per esempio potrebbe essere inutile usare peli di cane e gatto).

Gli ingredienti utilizzati possono includere anche i prodotti della linea *Crossing, Destruction, Jinx, Run Devil Run, Black arts* e altri.

Se lo scopo è quello di dominare una certa persona, una volta inseriti gli ingredienti nella bottiglia essa può essere riempita con la vostra urina. Se invece lo scopo è quello di avvelenare una relazione o amareggiare e rendere sfortunata la vita di una persona, potete riempirla con aceto.

Quando si tratta di separare qualcuno, potete scrivere i loro nomi su due distinti pezzi di carta, e poi attaccarli "schiena contro schiena", così che si diano simbolicamente le spalle. Oppure potete scriverli l'uno accanto all'altro sullo stesso pezzo di carta e poi tagliare in mezzo con una forbice per separarli.

Prima di chiudere una bottiglia è possibile incidere i nomi delle persone da separare su una candela nera che può essere posta sulla sua imboccatura. Il tutto può essere poi seppellito nei pressi della casa in cui vivono le due persone, oppure potete quotidianamente scuotere la bottiglia mentre pronunciate i nomi delle due persone e le relative maledizioni sulla loro relazione. Spesso queste bottiglie sono conservate avvolte in uno spesso panno nero, visto che l'aceto può produrre gas che possono farle esplodere.

Generalmente quando intraprendete un lavoro di magia "malefica" è una buona idea eseguire interventi di protezione per voi stessi.

Scatole di ghiaccio e incantesimi che fanno uso del freezer nella tradizione hoodoo

Gli incantesimi del congelatore sono per lo più utilizzati per bloccare i testimoni sfavorevoli nei casi giudiziari, per mettere a tacere coloro che fanno pettegolezzi sul nostro conto, eliminare la concorrenza commerciale, bloccare gli ufficiali della legge che agiscono contro di noi, fermare l'attività di rivali d'amore, e in ogni altro caso in cui si vogliono bloccare le parole o attività di qualcuno.

La prima cosa da fare è scegliere un contenitore per l'incantesimo in base ai principi dell'analogia: se per esempio si tratta di fermare le parole di qualcuno, può andar bene una lingua animale in cui bisogna aprire una fessura, così come una grande salsiccia potrebbe simboleggiare la sessualità di un uomo, un fico affettato quella di una donna, un limone può essere usato per inacidire la vita di qualcuno, la biancheria intima umida per influenzare la vita sessuale.

Ma si possono usare anche contenitori di natura generica che non implicano alcun simbolismo specifico, come per esempio una carta bagnata o un pacchetto di carta-asciugamano. Nel contenitore bisogna inserire i nomi della vittime o la loro qualifica (per esempio "ufficiali giudiziari", "rivali d'amore) e alcuni loro effetti personali o link magici (per esempio unghie, capelli, fotografie…).

A questo punto si deve pregare sul contenitore aggiungendo ad esso una serie di erbe per la maledizione e il silenzio (per esempio pepe o peperoncino rosso per far bruciare le bugie nelle loro bocche, allume per farli star zitti, semi di papavero per confonderli e fargli perdere il lavoro o importanti appuntamenti.

Il contenitore dev'essere inumidito, così da potersi solidificare nel freezer. Per inumidirlo si può usare per esempio aceto (per rendere amara la vita del nemico o le sue parole), acqua di allume per far tacere il discorso degli individui o per arrestare la normale sessualità o il tratto urinario, acqua di guerra[4] (per opporsi e maledire gli individui), urina (per dominare gli individui o, se usate l'urina di un malato, per provocare una malattia del tratto urinario), cristalli da bagno disciolti in acqua e/o aceto e/o acqua di guerra, compresi prodotti a base di cristalli da bagno con erbe come *Case Court, Stop Gossip, Law Keep Away, Jinx, Crossing, Revenge, ecc.*

Se perforate il contenitore usato per aprirvi una fessura, dovete usare 9 aghi o 9 chiodi. Oppure, se usate un pacchetto di carta bagnata chiuso, dovete piegarlo. Potete avvolgere la lingua cucita o il frutto o il foglio di carta piegato con un foglio di alluminio la cui parte lucida dev'essere messa verso l'interno per formare uno specchio simbolico che intrappolerà la persona. In ogni caso si può stendere un foglio di alluminio su una teglia, così che, una volta piegato o cucito il tutto, si può avvolgerlo in esso.

In più è possibile preparare ulteriormente la lingua, la verdura o la frutta o il pacco di carta bruciando una candela o una serie di candele da altare adeguatamente rivestite (ad esempio una candela marrone fissa con Court Case Oil, una candela blu fissata con Law Keep Away Oil, una candela nera fissata con Crossing Oil, ecc.), lasciando cadere la cera sul contenitore chiuso.

Mettete il lavoro finito sul ghiaccio o in un secchio d'aceto mescolato con cubetti di ghiaccio, oppure su un blocco di ghiaccio in un secchio, in una

---

[4] *L'**Acqua di Guerra** (talvolta chiamata Acqua di Marte) è un preparato magico utilizzato per proteggersi da qualsiasi influenza negativa. Le sue origini sono avvolte nel mistero e rimandano a due differenti tradizioni: la prima vede le origini di questo incantesimo nella stregoneria Europea e in quella dell'antica Roma. Altri lo vedrebbero invece di origine africana, collegato all'hoodoo. La sua preparazione è molto semplice e consiste nel riempire una bottiglietta con acqua in cui verranno lasciati chiodi o altri oggetti in ferro. Generalmente il contenitore andrebbe tenuto chiuso ma è bene aprirlo di tanto in tanto per favorire l'ossidazione. Poco a poco i chiodi arrugginiranno donando all'acqua un colore ed un odore molto intensi, ed è proprio allora che L'Acqua di Guerra sarà pronta. L'ideale sarebbe versarla davanti alle persone che ci stanno facendo del male o vicino alle proprie abitazioni. In alternativa può semplicemente essere versata attorno a sé o in un bagno caldo. Alcune tradizioni, soprattutto quelle di stampo Voodoo, vedono questo preparato magico come uno strumento di offesa per generare conflitto. Si potrebbe dunque ipotizzare che ad un certo punto della sua storia questo incantesimo abbia intrapreso due strade differenti cambiando il proprio scopo a seconda dell'ambiente culturale in cui è stato utilizzato. (brano tratto da https://pietrediluna.forumfree.it/?t=72241966)*

scatola di ghiaccio o in un congelatore elettrico, dove rimarrà finché l'incantesimo deve restare attivo.

Alla fine, ottenuto l'effetto, potete lasciare congelata la lingua per sempre, oppure lasciarla sotto un albero a un incrocio, o anche cucinarla e mangiarla. Tenete presente che la persona il cui nome congelate in questo modo, resterà congelata: se si tratta del vostro amante, congelerete lui e la sua sessualità, la quale non potrà più essere esercitata neanche con voi.

È un incantesimo da contenitore, quindi è essenziale che il materiale sia avvolto, cucito o in altro modo fissato e tenuto al chiuso e al sicuro.

Tenete anche presente che l'olio non si congela facilmente, quindi i vari oli non sono consigliabili per inumidire i materiali. Idem per l'alcol.

Così come gli incantesimi da giara di miele sono solitamente lavorati all'interno di mele rosse, allo stesso modo quelli da freezer devono essere lavorati non all'interno di semplici contenitori da freezer, ma di contenitori simbolici che ben rappresentano lo scopo del rito.

Per far tacere i testimoni scomodi in un caso giudiziario, dovete cucire i loro nomi in una lingua animale, per esempio di manzo, e poi surgelarla.

Ma non dovete per esempio surgelare i nomi dell'amata e del suo fidanzato, perché in tal modo li congelate fuori dalla vostra vita…e insieme, per giunta!

Tenete anche presente che l'acqua di rubinetto non è molto efficace dal punto di vista magico.

E non dimenticate che, come ogni tipo di incantesimo, è molto più probabile che anche questo funzionerà solo se avete un link magico della vittima da inserire.

Ricordate anche che i semi di papavero causano confusione, quindi non servono per "controllare" e non devono essere mescolati con oli di dominazione e controllo.

Incantesimi di congelamento per bloccare la vita sessuale di un uomo

Un vero incantesimo "da freezer" è sempre basato su un involucro fatto di un *name-paper* scritto secondo i principi dell'hoodoo e messo all'interno della lingua di un animale, di un frutto o di un qualsiasi vegetale che richiami simbolicamente il nostro scopo e/o la cosa o persona su cui si desidera intervenire, o anche di un asciugamano (talora di carta marrone) che viene inumidito e poi congelato.

Se per esempio volete confondere o bloccare la sessualità di un uomo, potete usare un cetriolo o una zucchina, e magari potete prima tenerla sotto aceto per rendere amara la sua vita sessuale. Tagliatela, inseritevi il suo seme o la sua urina su un pezzo di carta, aggiungendo anche polvere di allume per impedirgli di venire, peperoncino rosso per causargli infiammazioni e bruciori, semi di senape nera per danneggiare la sua sessualità e il suo tratto urinario. Ma ripeto: state attente e pensateci bene prima di agire, perché l'uomo al quale fate questo non potrà più far sesso neanche con voi, e in più potrebbe avere problemi di salute al tratto urinario.

Incantesimi di congelamento per bloccare la vita sessuale di una donna

In questo caso si usa di solito un fico maturo o una pera, in quanto questi frutti assomigliano all'utero.

Aprite una fessura bel fico o nella pera e inserite il sangue mestruale o la sua urina su un foglio di carta, aggiungendo la polvere di allume per fermare il suo ciclo, peperoncino rosso per darle un'infiammazione o bruciore ai genitali e semi di senape nera per danneggiare la sua sessualità e il tratto urinario.

Il tutto può essere avvolto in un foglio di alluminio lucido, ma ancor meglio è avvolgerlo prima in un paio di mutandine non lavate della vittima.

Incantesimo di congelatore per far perdere a qualvuno un lavoro

Se volete che un vostro nemico perda il suo posto di lavoro, scrivete nove volte il suo nome su un pezzo di carta inserendovi anche questo motto biblico, sempre nove volte:

"Abbia i suoi giorni contati, il suo incarico lo prenda un altro" (Salmi 109.8)

Aprite un limone e inseritevi la carta. Potete anche aggiungere i semi di papavero per confondere la persona, l'aceto per rendere acida la sua vita e il peperoncino rosso per causare dolori brucianti. Inserire anche una lama di rasoio, per far si che la persona sia "tagliata" via dalla forza lavoro.

Legate il limone con una stringa, dicendo ad alta voce ad ogni giro di stringa e nodo che fate:

X, sei legato, sei legato, sei legato, sei legato

Se desiderate che gli altri colleghi di lavoro diventino freddi nei confronti della persona odiata, potete congelare un piccolo *link* o effetto personale di ognuno in un vassoio di ghiaccio, sempre insieme a un *name-paper*, e poi avvolgere il limone preparato con tutti i cubetti di ghiaccio congelati in fogli di alluminio, con la parte lucida verso l'interno, pronunciando il nome di ciascuno mentre preparate il pacchetto:

Tu, X, sarai freddo come il ghiaccio verso il mio nemico Y, e non gli darai mai un segno di calore o di stima.

Ad ogni cubo di ghiaccio che aggiungete ripetete la citazione biblica.

Quando la persona lascerà il lavoro, prelevate il tutto dal congelatore ancora avvolto nel suo foglio di alluminio e cuocetelo nel forno fino a quando non si secca del tutto, senza che resti neanche la minima traccia di umidità. Poi lo butterete nella spazzatura.

Per "congelare" una persona dannosa o pericolosa

Avete bisogno del cuore di un animale che potete procurarvi da un macellaio, di un vaso di vetro atto a contenerlo, di peperoncino rosso, di tre aghi e di un po' di aceto di vino rosso.

Iniziate scrivendo il nome della persona su un piccolo pezzo di carta. Potete anche usare una foto della persona e scrivere nome e data di nascita su di essa.

Arrotolate il pezzo di carta formando un tubo e mettetelo nel baccello di peperoncino all'interno del cuore perforando il cuore con tre aghi che lo attraversino completamente. Poi si mette il cuore nel vasetto di vetro che sarà riempito con l'aceto di vino rosso.

Fate una stampa della carta Tre di Spade dei Tarocchi e mettete l'immagine della carta intorno al vaso, rivolta verso l'interno. Avvolgete poi il vaso in un foglio di alluminio con la parte lucida verso l'interno, così da fissare il tutto. A tal fine, prima di avvitare il coperchio del vaso potete aspettare l'inizio del congelamento per verificare come procede la cosa.

Gli incantesimi del tipo "Crossing"
Nell'hoodoo gli incantesimi del tipo *Crossing* operano tutti con le impronte lasciate dai piedi del nemico o con la terra da lui calpestata. In alcuni casi si raccoglie questa terra e la si mescola con sostanze malefiche, in altri si fa in modo che il nemico stesso calpesti queste sostanze, come per esempio la *Crossing Powder* o la *Hot Foot Powder,* oppure (se volete piegarlo alla vostra volontà) la *Bend-Over Powder.* Oppure le polveri malefiche possono essere inserite nelle sue scarpe o calze.
Nella sua accezione originaria la parola *Crossing* indicava il tracciare alcuni segni particolari sulla strada che avrebbe percorso il nemico, per esempio una X, oppure linee ondulate a forma di serpente create con piccole pietre, oppure inscritte nella polvere con un bastone appuntito, o magari disegnate con il gesso e cosparse con *Crossing Powder* su un marciapiede o su una strada. Di solito per attivare questi segni vi si sputa sopra mentre si pronunciano le maledizioni.
Gli ingredienti delle formule di *Crossing* possono includere sale, pepe di cayenna, pepe nero, zolfo, terra di cimitero, ceneri, gusci di lumache frantumate, ragnatele, insetti schiacciati, corda di canapa disfatta, gomma arabica, polvere di serpente, specialmente di un serpente a sonagli), uova di gallina nera e altre erbe ed essenze.
In questo come in tutti gli altri casi, fate sempre attenzione ad acquistare soltanto i prodotti che contengono vere erbe ed oli essenziali. No a profumi sintetici!
Questi riti basati sul "crossing" possono danneggiare anche altre persone che si trovano per caso ad attraversare quei segni, quindi evitate di passarci sopra e fate in modo di disporli solo quando siete sicuri che di lì a pochi minuti passerà il nemico.

Un esempio di rito del tipo *Crossing*
Questo è un semplice incantesimo "di attraversamento" per rovinare la vita di un nemico. Ai fini di questo lavoro, diremo che il nemico era un bugiardo e un manipolatore che aveva causato molti problemi nel vicinato.
Su un'immagine della persona dovete scrivere il suo nome e incrociare il nome con il vostro comando scritto perpendicolarmente su di esso. Per esempio: "Brucia all'inferno, bugiardo". Sul retro dovete copiare tutto il Salmo 1:
Beato l'uomo che non segue il consiglio degli empi,
non indugia nella via dei peccatori
e non siede in compagnia degli stolti;
ma si compiace della legge del Signore,
la sua legge medita giorno e notte.

Sarà come albero piantato lungo corsi d'acqua,
che darà frutto a suo tempo

e le sue foglie non cadranno mai;
riusciranno tutte le sue opere.

Non così, non così gli empi:
ma come pula che il vento disperde;
perciò non reggeranno gli empi nel giudizio,
né i peccatori nell'assemblea dei giusti.

Il Signore veglia sul cammino dei giusti,
ma la via degli empi andrà in rovina.

Spalmate feci di cane fresche su entrambi i lati del foglio. Cospargetelo con *Goofer Dust* e *Red Pepper* su entrambi i lati e poi lasciatelo davanti alla porta della persona. Sopra questo oggetto, sotto forma di una grande X, spargete il contenuto di un intero pacchetto di *Crossing Powder*. La X dovrebbe essere abbastanza grande che il tuo nemico dovrà passarci sopra o scavalcarla quando uscirà dalla porta.

Se temete che il nemico possa riconoscere la vostra calligrafia, scrivete il nome, il comando e il Salmo 1 in stampatello, molto ordinatamente con la mano sinistra se siete destrorsi, con la destra se siete mancini.

Tornate a casa e fate il bagno in un thè fatto con erba di issopo, bevendone anche una piccola quantità. Mentre lo fate, recitate il Salmo 51 per il perdono dei peccati:

[1]*Al maestro del coro. Salmo. Di Davide.*
[2]*Quando venne da lui il profeta Natan dopo che aveva peccato con Betsabea.*
[3]*Pietà di me, o Dio, secondo la tua misericordia;*
nella tua grande bontà cancella il mio peccato.
[4]*Lavami da tutte le mie colpe,*
mondami dal mio peccato.
[5]*Riconosco la mia colpa,*
il mio peccato mi sta sempre dinanzi.
[6]*Contro di te, contro te solo ho peccato,*
quello che è male ai tuoi occhi, io l'ho fatto;
perciò sei giusto quando parli,
retto nel tuo giudizio.
[7]*Ecco, nella colpa sono stato generato,*
nel peccato mi ha concepito mia madre.
[8]*Ma tu vuoi la sincerità del cuore*
e nell'intimo m'insegni la sapienza.
[9]*Purificami con issopo e sarò mondo;*
lavami e sarò più bianco della neve.
[10]*Fammi sentire gioia e letizia,*
esulteranno le ossa che hai spezzato.
[11]*Distogli lo sguardo dai miei peccati,*
cancella tutte le mie colpe.
[12]*Crea in me, o Dio, un cuore puro,*
rinnova in me uno spirito saldo.
[13]*Non respingermi dalla tua presenza*
e non privarmi del tuo santo spirito.

[14]Rendimi la gioia di essere salvato,
sostieni in me un animo generoso.
[15]Insegnerò agli erranti le tue vie
e i peccatori a te ritorneranno.
[16]Liberami dal sangue, Dio, Dio mia salvezza,
la mia lingua esalterà la tua giustizia.
[17]Signore, apri le mie labbra
e la mia bocca proclami la tua lode;
[18]poiché non gradisci il sacrificio
e, se offro olocausti, non li accetti.
[19]Uno spirito contrito è sacrificio a Dio,
un cuore affranto e umiliato, Dio, tu non disprezzi.
[20]Nel tuo amore fa grazia a Sion,
rialza le mura di Gerusalemme.
[21]Allora gradirai i sacrifici prescritti,
l'olocausto e l'intera oblazione,
allora immoleranno vittime sopra il tuo altare

Protezione e purificazione successiva a questo tipo di riti

Dopo questo tipo di pratiche è sempre bene purificarsi, e molti lo fanno accendendo due candele bianche da offertorio e facendo un bagno con erbe di purificazione.

Nella Bibbia si consiglia l'issopo come erba per purificarsi dai peccati. La ruta invece è usata per respingere il male ed evitare rappresaglie.

Potete fare un bagno all'issopo immergendo le foglie nell'acqua del bagno oppure usando l'olio già pronto.

Non è necessario riempire una vasca d'acqua, basta usare una bacinella piena. Mettetela tra due candele bianche, recitate il Salmo 51 e versatevi l'acqua di issopo sulla testa. Potete anche bere una piccola quantità di questo thè diluito. Dopo questo bagno, alcune persone usano l'acqua sporca per lavare la stanza in cui hanno fatto l'incantesimo o per pulire la soglia della casa in modo che nessun male possa entrarvi. In alternativa potete portala fuori di casa e versala a terra a un incrocio (non in uno scarico). Poi andate a casa e accendete una candela rivestita con *Cast Off Evil Oil*.

PARTE TERZA
RITI MALEFICI DI MAGIA ASTROLOGIA E TALISMANI
PER DANNEGGIARE O PUNIRE QUALCUNO

Talismano del "De Imaginibus" per separare due persone
Questi talismani sono tratti dal "De Imaginibus", opera di magia astrologica del sapiente arabo del nono secolo Thabit Ibn Qurra.
Qui faremo un esempio di rito per separare un uomo da un suo principale o governante rendendolo odioso a lui. Tutti questi talismani sono basati su un'elezione astrologica, quindi se conoscete l'astrologia vi sarà facile adattare questo schema ad ogni altro tipo di persone che intendete separare o far litigare: a tal fine basta cambiare le case astrologiche rilevanti secondo i normali principi dell'astrologia (per esempio la quinta casa per i figli, la settima per i partner, l'undicesima per gli amici ecc...).
Iniziate creando un'immagine della persona sotto il suo Asc di nascita, oppure sotto l'Asc di una carta oraria che lo riguarda. Incidete sull'immagine il suo nome. Fate in modo che l'Asc (inteso anche come prima casa) sia afflitto dalla presenza di pianeti debilitati o malefici e fate in modo che il signore dell'Asc e quello della decima casa siano in opposizione applicativa, o in subordine in quadratura senza ricezione. Evitate la presenza di pianeti benefici all'Asc e in decima casa.
Se poi volete rendere gli effetti ancor più forti, fate in modo che il signore dell'Asc sia in separazione dalla decima casa, che il signore della decima sia un malefico e che il signore dell'Asc si applichi al signore dell'ottava casa. Secondo Thabit Ibn Qurra, ciò farà si che il re metterà a morte la persona in questione.
Sulla parte posteriore delle immagini scrivete la parola "odio", "separazione" o simili.
Seppellite l'immagine nei pressi dell'abitazione della persona in un momento in cui l'Asc è afflitto dalla presenza di Cauda (Nodo lunare sud) o di un malefico.

Talismano del "De Imaginibus" per la distruzione di citta'
Per creare un'immagine per la distruzione di una città o regione, bisogna creare un'immagine sotto l'Asc della città e rendere debilitati e/o malmessi il signore dell'Asc, quello dell'ottava casa, la Luna e i dispositori della Luna e del signore dell'Asc[5], la decima casa e il suo signore.
L'immagine dev'essere collocata nel mezzo della città o regione che si vuole colpire.

---

[5] C. Warnock nel suo commento al *De Imaginibus* intende letteralmente "il signore della casa del signore dell'Asc" come il signore del segno che si trova sulla cuspide della casa in cui è collocato il signore dell'Asc, ma a me pare che in base ai principi generali dell'astrologia elettiva sia molto più rilevante il diretto dispositore del signore dell'Asc e della Luna. Se quindi la cuspide della casa si trova in un segno diverso, io darei senz'altro la prevalenza al governatore del segno in cui si trova il signore dell'Asc.

Talismano del "De Imaginibus" per danneggiare persone e renderle sfortunate

A questo riguardo vale quanto già detto per i talismani finalizzati alla distruzione di città e regioni, ma in questo caso l'Asc da usare è quello di nascita della persona.
Inoltre in questo caso bisogna collocare l'immagine al centro della sua casa.

TALISMANO DELLA PRIMA DIMORA LUNARE PER CREARE DISCORDIA TRA DUE CONIUGI O DUE AMICI

Condizioni astrologiche essenziali. La Luna deve trovarsi tra 0° Ariete e 12°51' Ariete (questa è l'estensione della prima dimora lunare). La Luna deve trovarsi all'Ac o al Mc.

Immagine da incidere. Leggiamo nel Picatrix che in questa dimora si possono fare immagini per creare discordia tra due coniugi o due amici (libro 1, cap.4). Non viene indicata una specifica immagine, possiamo usare qualsiasi immagine che costituisca una buona rappresentazione simbolica del nostro scopo.

Materiali su cui incidere il talismano. Possiamo ricorrere ad una normale incisione su argento, trattandosi di un metallo che, come sappiamo, è governato dalla Luna.

Simboli da incidere. Il nome arabo di questa dimora lunare è Al-Sharatain.
Secondo il Picatrix l'angelo che la governa è Geriz, secondo Cornelio Agrippa è Geniel. Potete dunque incidere queste due parole sotto l'immagine, e non dimenticate di incidere anche i nomi delle persone destinatarie degli effetti.
Inoltre potete scrivere il nome dell'effetto perseguito (in questo caso per esempio potreste scrivere LITI E SEPARAZIONE TRA X E Y). Ricordate di incidere anche il nome del segno o del decano ascendente e del suo signore.
Nella parte posteriore del talismano potete invece incidere un motto a vostra scelta, in latino o in ebraico, tratto per esempio da un brano della Bibbia o di altra opera (non soltanto religiosa) in cui si parla di cose affini allo scopo del talismano.

Incensi. In mancanza di specifiche indicazioni potete usare qualsiasi incenso adatto allo scopo.

Colore degli indumenti, e di tovaglia e candele. Per tutti i talismani delle dimore lunari è preferibile il colore bianco, essendo un colore associato alla Luna. Resta comunque fermo il principio generale secondo cui in alternativa è sempre possibile usare colori legati allo specifico scopo perseguito.

Invocazione. Bisogna invocare Geriz (Geniel, secondo Agrippa) chiedendogli. In aggiunta è possibile recitare la preghiera alla Luna contenuta nel capitolo settimo del terzo libro del Picatrix, oppure l'Inno Orfico alla Luna (che riporto nel paragrafo relativo al talismano della Luna).

Tuttavia le indicazioni relative allo spirito da invocare sono date in un'altra sezione del Picatrix (libro 4) che si riferisce a un'altra serie tradizionale di talismani di questo tipo, quindi non è ben chiaro se possiamo estenderle anche agli altri talismani delle dimore lunari elencati nel libro 1.

TALISMANO DELLA PRIMA DIMORA LUNARE PER LA DISTRUZIONE E SPOPOLAMENTO DI UN LUOGO (Picatrix, libro 4, cap.9)

Condizioni astrologiche essenziali. La Luna deve trovarsi tra 0° Ariete e 12°51' Ariete (questa è l'estensione della prima dimora lunare). La Luna deve trovarsi all'Ac o al Mc.

Immagine da incidere. Secondo il Picatrix questa dimora è adatta per distruggere o spopolare un luogo. L'immagine è quella di un uomo nero con i capelli avvolti e raccolti in cerchio che sta in piedi e che ha nella sua mano destra una lancia alla maniera di un guerriero.

Materiali su cui incidere il talismano. L'immagine dev'essere incisa su un anello di ferro, suffumigata con storace liquido e con esso dev'essere poi creato un sigillo di cera nera che dev'essere a sua volta consacrato.

Simboli da incidere. Il nome arabo di questa dimora lunare è Al-Sharatain. Secondo il Picatrix l'angelo che la governa è Geriz (secondo Agrippa il suo nome è Geniel). Potete dunque incidere queste due parole sotto l'immagine. Inoltre dovete scrivere il nome dell'effetto perseguito (in questo caso per esempio DISTRUZIONE E SPOPOLAMENTO). Potete incidere anche il nome del segno o del decano ascendente e del suo signore.
Nella parte posteriore del talismano potete invece incidere un motto a vostra scelta, in latino o in ebraico, tratto per esempio da un brano della Bibbia o di altra opera (non soltanto religiosa) in cui si parla di cose affini allo scopo perseguito.

Incensi. Storace liquido.

Colore degli indumenti, e di tovaglia e candele. Per tutti i talismani delle dimore lunari è preferibile il colore bianco, essendo un colore associato alla Luna. Resta comunque fermo il principio generale secondo cui in alternativa è sempre possibile usare colori legati allo specifico scopo perseguito (in questo caso il nero o il rosso).

Invocazione. Bisogna invocare Geriz (Geniel, secondo Agrippa).
In aggiunta è possibile recitare la preghiera alla Luna contenuta nel capitolo settimo del terzo libro del Picatrix, oppure l'Inno Orfico alla Luna (che riporto nel paragrafo relativo al talismano della Luna).

TALISMANO DELLA SECONDA DIMORA LUNARE PER FAR LITIGARE DUE PERSONE, PER DISTRUGGERE EDIFICI PRIMA CHE SIANO COMLETATI E PER RENDERE UNA DETENZIONE DURA E DURATURA

Condizioni astrologiche essenziali. La Luna deve trovarsi tra 12°51' Ariete e 25°42' Ariete (questa è l'estensione della seconda dimora lunare). La Luna deve trovarsi all'Ac o al Mc.

Immagine da incidere. Secondo il Picatrix questa dimora è adatta per creare immagini con lo scopo di far litigare due persone, distruggere edifici prima che siano completati e rendere una detenzione dura e duratura. Non viene però specificato il tipo di immagine, quindi potete scegliere un'immagine che ben rappresenti simbolicamente il vostro scopo.

Materiali su cui incidere il talismano. Possiamo ricorrere ad una normale incisione su argento, trattandosi di un metallo che, come sappiamo, è governato dalla Luna.

Simboli da incidere. Il nome arabo di questa dimora lunare è Al-Butain.
Secondo il Picatrix l'angelo che la governa è Enedil, secondo Cornelio Agrippa è Enediel. Potete dunque incidere queste due parole sotto l'immagine, e non dimenticate di incidere anche i nomi delle persone o luoghi destinatari degli effetti.
Inoltre potete scrivere il tipo di effetto perseguito. Ricordate di incidere anche il nome del segno o del decano ascendente e del suo signore.
Nella parte posteriore del talismano potete invece incidere un motto a vostra scelta, in latino o in ebraico, tratto per esempio da un brano della Bibbia o di altra opera (non soltanto religiosa) in cui si parla di cose affini allo scopo del talismano.

Incensi. In mancanza di specifiche indicazioni potete usare qualsiasi incenso adatto allo scopo.

Colore degli indumenti, e di tovaglia e candele. Per tutti i talismani delle dimore lunari è preferibile il colore bianco, essendo un colore associato alla Luna. Resta comunque fermo il principio generale secondo cui in alternativa è sempre possibile usare colori legati allo specifico scopo perseguito (per esempio in questo caso il nero o il rosso).

Invocazione. Bisogna invocare Enedil (Enediel, secondo Agrippa). In aggiunta è possibile recitare la preghiera alla Luna contenuta nel capitolo settimo del terzo libro del Picatrix, oppure l'Inno Orfico alla Luna (che riporto nel paragrafo relativo al talismano della Luna).
Tuttavia le indicazioni relative allo spirito da invocare sono date in un'altra sezione del Picatrix (libro 4) che si riferisce a un'altra serie tradizionale di talismani di questo tipo, quindi non è ben chiaro se possiamo estenderle anche agli altri talismani delle dimore lunari elencati nel libro 1.

TALISMANO DELLA QUARTA DIMORA LUNARE PER LA DISTRUZIONE DI CITTA' ED EDIFICI, PER FAR LITIGARE DUE CONIUGI, PER UCCIDERE E LEGARE RETTILI E ALTRI ANIMALI VELENOSI

Condizioni astrologiche essenziali. La Luna deve trovarsi tra 8 °34' Toro e 21 °25' Toro (questa è l'estensione della quarta dimora lunare). La Luna deve trovarsi all'Ac o al Mc.

Immagine da incidere. Secondo il Picatrix questa dimora è adatta alla creazione di immagini per la distruzione di citta' ed edifici, per far litigare due coniugi, per uccidere e legare rettili e altri animali velenosi. Non viene però specificato il tipo di immagine, quindi potete scegliere un'immagine che ben rappresenti simbolicamente il vostro scopo.

Materiali su cui incidere il talismano. Possiamo ricorrere ad una normale incisione su argento, trattandosi di un metallo che, come sappiamo, è governato dalla Luna.

Simboli da incidere. Il nome arabo di questa dimora lunare è Al-Dabaran.
Secondo il Picatrix l'angelo che la governa è Cabil, secondo Cornelio Agrippa è Gabiel. Potete dunque incidere il nome della dimora e dell'angelo sotto l'immagine, e non dimenticate di incidere anche i nomi delle persone o luoghi destinatari degli effetti.
Inoltre dovete scrivere il tipo di effetto perseguito. Ricordate di incidere anche il nome del segno o del decano ascendente e del suo signore.
Nella parte posteriore del talismano potete invece incidere un motto a vostra scelta, in latino o in ebraico, tratto per esempio da un brano della Bibbia o di altra opera (non soltanto religiosa) in cui si parla di cose affini allo scopo del talismano.

Incensi. In mancanza di specifiche indicazioni potete usare qualsiasi incenso adatto allo scopo.

Colore degli indumenti, e di tovaglia e candele. Per tutti i talismani delle dimore lunari è preferibile il colore bianco, essendo un colore associato alla Luna. Resta comunque fermo il principio generale secondo cui in alternativa è sempre possibile usare colori legati allo specifico scopo perseguito (per esempio in questo caso il nero o il rosso).

Invocazione. Bisogna invocare Cabil (Gabiel, secondo Agrippa). In aggiunta è possibile recitare la preghiera alla Luna contenuta nel capitolo settimo del terzo libro del Picatrix, oppure l'Inno Orfico alla Luna (che riporto nel paragrafo relativo al talismano della Luna).
Tuttavia le indicazioni relative allo spirito da invocare sono date in un'altra sezione del Picatrix (libro 4) che si riferisce a un'altra serie tradizionale di talismani di questo tipo, quindi non è ben chiaro se possiamo estenderle anche agli altri talismani delle dimore lunari elencati nel libro 1.

TALISMANO DELLA QUARTA DIMORA LUNARE PER CREARE OSTILITA' (Picatrix, libro 4, cap.9)

Condizioni astrologiche essenziali. La Luna deve trovarsi tra 8 °34' Toro e 21 °25' Toro (questa è l'estensione della quarta dimora lunare). La Luna deve trovarsi all'Ac o al Mc.
Immagine da incidere. Secondo il Picatrix questa dimora è adatta per creare ostilità. L'immagine è quella di un cavaliere su un cavallo con un serpente nella mano destra
Materiali su cui incidere il talismano. L'immagine dev'essere incisa in cera rossa e suffumigata con mirra rossa e storace.

Simboli da incidere. Il nome arabo di questa dimora lunare è Al-Dabaran. Secondo il Picatrix l'angelo che la governa è Assarez (secondo Agrippa il suo nome è Azariel). Potete dunque incidere queste parole sotto l'immagine. Inoltre dovete scrivere il nome dell'effetto perseguito (in questo caso per esempio OSTILITA'). Potete incidere anche il nome del segno o del decano ascendente e del suo signore.Non dimenticate di incidere anche i nomi delle persone o luoghi destinatari degli effetti.
Nella parte posteriore del talismano potete invece incidere un motto a vostra scelta, in latino o in ebraico, tratto per esempio da un brano della Bibbia o di altra opera (non soltanto religiosa) in cui si parla di cose affini allo scopo perseguito.

Incensi. Mirra rossa e storace.

Colore degli indumenti, e di tovaglia e candele. Per tutti i talismani delle dimore lunari è preferibile il colore bianco, essendo un colore associato alla Luna. Resta comunque fermo il principio generale secondo cui in alternativa è sempre possibile usare colori legati allo specifico scopo perseguito (in questo caso il rosso).

Invocazione. Bisogna invocare Assarez (Azariel, secondo Agrippa).
In aggiunta è possibile recitare la preghiera alla Luna contenuta nel capitolo settimo del terzo libro del Picatrix, oppure l'Inno Orfico alla Luna (che riporto nel paragrafo relativo al talismano della Luna).

TALISMANO DELLA SESTA DIMORA LUNARE PER LA DISTRUZIONE DI CITTA', RACCOLTI E ALBERI, PER VANIFICARE GLI EFFETTI DELLE MEDICINE (Picatrix, libro 1, cap.4)

Condizioni astrologiche essenziali. La Luna deve trovarsi tra 4 °17' Gemelli e 17 °8' Gemelli (questa è l'estensione della quarta dimora lunare). La Luna deve trovarsi all'Ac o al Mc.
Immagine da incidere. Secondo il Picatrix questa dimora è adatta alla creazione di immagini per la distruzione di citta', raccolti e alberi e per vanificare gli effetti delle medicine. Non viene però specificato il tipo di immagine, quindi potete scegliere un'immagine che ben rappresenti simbolicamente il vostro scopo.

Materiali su cui incidere il talismano. Possiamo ricorrere ad una normale incisione su argento, trattandosi di un metallo che, come sappiamo, è governato dalla Luna.

Simboli da incidere. Il nome arabo di questa dimora lunare è Al-Hana.
Secondo il Picatrix l'angelo che la governa è Nedeyrahe, secondo Cornelio Agrippa è Dirachiel. Potete dunque incidere il nome della dimora e dell'angelo sotto l'immagine, e non dimenticate di incidere anche i nomi delle persone o luoghi destinatari degli effetti.
Inoltre dovete scrivere il tipo di effetto perseguito. Ricordate di incidere anche il nome del segno o del decano ascendente e del suo signore.
Nella parte posteriore del talismano potete invece incidere un motto a vostra scelta, in latino o in ebraico, tratto per esempio da un brano della Bibbia o di altra opera (non soltanto religiosa) in cui si parla di cose affini allo scopo del talismano.

Incensi. In mancanza di specifiche indicazioni potete usare qualsiasi incenso adatto allo scopo.

Colore degli indumenti, e di tovaglia e candele. Per tutti i talismani delle dimore lunari è preferibile il colore bianco, essendo un colore associato alla Luna. Resta comunque fermo il principio generale secondo cui in alternativa è sempre possibile usare colori legati allo specifico scopo perseguito (per esempio in questo caso il nero o il rosso).

Invocazione. Bisogna invocare Nedeyrahe (Dirachiel, secondo Agrippa). In aggiunta è possibile recitare la preghiera alla Luna contenuta nel capitolo settimo del terzo libro del Picatrix, oppure l'Inno Orfico alla Luna (che riporto nel paragrafo relativo al talismano della Luna).
Tuttavia le indicazioni relative allo spirito da invocare sono date in un'altra sezione del Picatrix (libro 4) che si riferisce a un'altra serie tradizionale di talismani di questo tipo, quindi non è ben chiaro se possiamo estenderle anche agli altri talismani delle dimore lunari elencati nel libro 1.

TALISMANO DELL'OTTAVA DIMORA LUNARE PER RENDERE DURA UNA DETENZIONE E PER SCACCIARE TOPI E INSETTI DA UN CERTO LUOGO (Picatrix, libro 1, cap. 4)

Condizioni astrologiche essenziali. La Luna deve trovarsi tra 0° Cancro e 12°51' Cancro (questa è l'estensione dell'ottava dimora lunare). La Luna deve trovarsi all'Ac o al Mc.

Immagine da incidere. Secondo il Picatrix questa dimora è adatta alla creazione di immagini per rendere dura una detenzione e per scacciare topi e insetti da un certo luogo.
Non viene però specificato il tipo di immagine, quindi potete scegliere un'immagine che ben rappresenti simbolicamente il vostro scopo.

Materiali su cui incidere il talismano. Possiamo ricorrere ad una normale incisione su argento, trattandosi di un metallo che, come sappiamo, è governato dalla Luna.

Simboli da incidere. Il nome arabo di questa dimora lunare è Al-Nathrah. Secondo il Picatrix l'angelo che la governa è Annediex, secondo Cornelio Agrippa è Amnedial. Potete dunque incidere il nome della dimora e dell'angelo sotto l'immagine, e non dimenticate di incidere anche i nomi delle persone o luoghi destinatari degli effetti.
Inoltre dovete scrivere il tipo di effetto perseguito. Ricordate di incidere anche il nome del segno o del decano ascendente e del suo signore.
Nella parte posteriore del talismano potete invece incidere un motto a vostra scelta, in latino o in ebraico, tratto per esempio da un brano della Bibbia o di altra opera (non soltanto religiosa) in cui si parla di cose affini allo scopo del talismano.

Incensi. In mancanza di specifiche indicazioni potete usare qualsiasi incenso adatto allo scopo.

Colore degli indumenti, e di tovaglia e candele. Per tutti i talismani delle dimore lunari è preferibile il colore bianco, essendo un colore associato alla Luna. Resta comunque fermo il principio generale secondo cui in alternativa è sempre possibile usare colori legati allo specifico scopo perseguito (per esempio in questo caso il nero o il rosso).

Invocazione. Bisogna invocare Annediex (Amnedial, secondo Agrippa). In aggiunta è possibile recitare la preghiera alla Luna contenuta nel capitolo settimo del terzo libro del Picatrix, oppure l'Inno Orfico alla Luna (che riporto nel paragrafo relativo al talismano della Luna).
Tuttavia le indicazioni relative allo spirito da invocare sono date in un'altra sezione del Picatrix (libro 4) che si riferisce a un'altra serie tradizionale di talismani di questo tipo, quindi non è ben chiaro se possiamo estenderle anche agli altri talismani delle dimore lunari elencati nel libro 1.

TALISMANO DELLA NONA DIMORA LUNARE PER DISTRUGGERE RACCOLTI, RENDERE SFORTUNATI I VIAGGI, CAUSARE DEL MALE AGLI UOMINI E DIVISIONI E ODIO TRA ALLEATI (Picatrix, libro 1, cap. 4)

Condizioni astrologiche essenziali. La Luna deve trovarsi tra 12°51' Cancro e 25°42' Cancro (questa è l'estensione della nona dimora lunare). La Luna deve trovarsi all'Ac o al Mc.

Immagine da incidere. Secondo il Picatrix questa dimora è adatta alla creazione di immagini per distruggere raccolti, rendere sfortunati i viaggi, causare del male agli uomini e divisioni e odio tra alleati. Non viene però specificato il tipo di immagine, quindi potete scegliere un'immagine che ben rappresenti simbolicamente il vostro scopo.

Materiali su cui incidere il talismano. Possiamo ricorrere ad una normale incisione su argento, trattandosi di un metallo che, come sappiamo, è governato dalla Luna.

Simboli da incidere. Il nome arabo di questa dimora lunare è Al-Tarf.
Secondo il Picatrix l'angelo che la governa è Raubel, secondo Cornelio Agrippa è Barbiel. Potete dunque incidere il nome della dimora e dell'angelo sotto l'immagine, e non dimenticate di incidere anche i nomi delle persone o luoghi destinatari degli effetti.
Inoltre dovete scrivere il tipo di effetto perseguito. Ricordate di incidere anche il nome del segno o del decano ascendente e del suo signore.
Nella parte posteriore del talismano potete invece incidere un motto a vostra scelta, in latino o in ebraico, tratto per esempio da un brano della Bibbia o di altra opera (non soltanto religiosa) in cui si parla di cose affini allo scopo del talismano.

Incensi. In mancanza di specifiche indicazioni potete usare qualsiasi incenso adatto allo scopo.

Colore degli indumenti, e di tovaglia e candele. Per tutti i talismani delle dimore lunari è preferibile il colore bianco, essendo un colore associato alla Luna. Resta comunque fermo il principio generale secondo cui in alternativa è sempre possibile usare colori legati allo specifico scopo perseguito (per esempio in questo caso il nero o il rosso).

Invocazione. Bisogna invocare Raubel (Barbiel, secondo Agrippa). In aggiunta è possibile recitare la preghiera alla Luna contenuta nel capitolo settimo del terzo libro del Picatrix, oppure l'Inno Orfico alla Luna (che riporto nel paragrafo relativo al talismano della Luna).
Tuttavia le indicazioni relative allo spirito da invocare sono date in un'altra sezione del Picatrix (libro 4) che si riferisce a un'altra serie tradizionale di talismani di questo tipo, quindi non è ben chiaro se possiamo estenderle anche agli altri talismani delle dimore lunari elencati nel libro 1.

TALISMANO DELLA NONA DIMORA LUNARE PER CAUSARE MALATTIE (Picatrix, libro 4, cap. 9)

Condizioni astrologiche essenziali. La Luna deve trovarsi tra 12°51' Cancro e 25°42' Cancro (questa è l'estensione della nona dimora lunare). La Luna deve trovarsi all'Ac o al Mc.
Immagine da incidere. Secondo il Picatrix questa dimora è adatta per causare malattie. L'immagine è quella di un eunuco che tiene le mani sugli occhi. Sul suo collo dovete scrivere il nome del Signore della dimora e suffumigare l'immagine con resina di pino.
Materiali su cui incidere il talismano. L'immagine dev'essere incisa in piombo.

Simboli da incidere. Il nome arabo di questa dimora lunare è Al-Tarf.
Secondo il Picatrix l'angelo che la governa è Raubel, secondo Cornelio Agrippa è Barbiel. Potete dunque incidere queste parole sotto l'immagine.

Inoltre dovete scrivere il nome dell'effetto perseguito (in questo caso per esempio MALATTIA). Potete incidere anche il nome del segno o del decano ascendente e del suo signore. Non dimenticate di incidere anche i nomi delle persone destinatarie degli effetti.

Nella parte posteriore del talismano potete invece incidere un motto a vostra scelta, in latino o in ebraico, tratto per esempio da un brano della Bibbia o di altra opera (non soltanto religiosa) in cui si parla di cose affini allo scopo perseguito.

Incensi. Resina di pino.

Colore degli indumenti, e di tovaglia e candele. Per tutti i talismani delle dimore lunari è preferibile il colore bianco, essendo un colore associato alla Luna. Resta comunque fermo il principio generale secondo cui in alternativa è sempre possibile usare colori legati allo specifico scopo perseguito (in questo caso il nero).

Invocazione. Bisogna invocare Raubel (Barbiel, secondo Agrippa).
In aggiunta è possibile recitare la preghiera alla Luna contenuta nel capitolo settimo del terzo libro del Picatrix, oppure l'Inno Orfico alla Luna (che riporto nel paragrafo relativo al talismano della Luna).

TALISMANO DELLA DECIMA DIMORA LUNARE PER LA DISTRUZIONE DEI NEMICI E L'INCARCERAZIONE (Picatrix, libro 1, cap. 4)

Condizioni astrologiche essenziali. La Luna deve trovarsi tra 25°42' Cancro e 8°34' Leone (questa è l'estensione della decima dimora lunare). La Luna deve trovarsi all'Ac o al Mc.

Immagine da incidere. Secondo il Picatrix questa dimora è adatta alla creazione di immagini per la distruzione dei nemici e l'incarcerazione. Non viene però specificato il tipo di immagine, quindi potete scegliere un'immagine che ben rappresenti simbolicamente il vostro scopo.

Materiali su cui incidere il talismano. Possiamo ricorrere ad una normale incisione su argento, trattandosi di un metallo che, come sappiamo, è governato dalla Luna.

Simboli da incidere. Il nome arabo di questa dimora lunare è Al-Jabhah.
Secondo il Picatrix l'angelo che la governa è Aredafir, secondo Cornelio Agrippa è Ardesiel. Potete dunque incidere il nome della dimora e dell'angelo sotto l'immagine, e non dimenticate di incidere anche i nomi delle persone destinatarie degli effetti.
Inoltre dovete scrivere il tipo di effetto perseguito. Ricordate di incidere anche il nome del segno o del decano ascendente e del suo signore.
Nella parte posteriore del talismano potete invece incidere un motto a vostra scelta, in latino o in ebraico, tratto per esempio da un brano della Bibbia o di altra opera (non soltanto religiosa) in cui si parla di cose affini allo scopo del talismano.

Incensi. In mancanza di specifiche indicazioni potete usare qualsiasi incenso adatto allo scopo.

Colore degli indumenti, e di tovaglia e candele. Per tutti i talismani delle dimore lunari è preferibile il colore bianco, essendo un colore associato alla Luna. Resta comunque fermo il principio generale secondo cui in alternativa è sempre possibile usare colori legati allo specifico scopo perseguito (per esempio in questo caso il nero o il rosso).

Invocazione. Bisogna invocare Aredafir (Ardesiel, secondo Agrippa). In aggiunta è possibile recitare la preghiera alla Luna contenuta nel capitolo settimo del terzo libro del Picatrix, oppure l'Inno Orfico alla Luna (che riporto nel paragrafo relativo al talismano della Luna).
Tuttavia le indicazioni relative allo spirito da invocare sono date in un'altra sezione del Picatrix (libro 4) che si riferisce a un'altra serie tradizionale di talismani di questo tipo, quindi non è ben chiaro se possiamo estenderle anche agli altri talismani delle dimore lunari elencati nel libro 1.

TALISMANO DELLA DODICESIMA DIMORA LUNARE PER SEPARARE DUE PERSONE PORTANDO VIA IL LORO AMORE (Picatrix, libro 4, cap. 9)

Condizioni astrologiche essenziali. La Luna deve trovarsi tra 21°25' Leone e 4°17' Vergine (questa è l'estensione della dodicesima dimora lunare). La Luna deve trovarsi all'Ac o al Mc.
Immagine da incidere. Secondo il Picatrix questa dimora è adatta per separare due persone portando via il loro amore. L'immagine è quella di un drago che combatte contro un uomo.
Materiali su cui incidere il talismano. L'immagine dev'essere incisa in piombo nero.

Simboli da incidere. Il nome arabo di questa dimora lunare è Al-Sarfah.
Secondo il Picatrix l'angelo che la governa è Abdizu, secondo Cornelio Agrippa è Abdizuel. Potete dunque incidere queste parole sotto l'immagine. Inoltre dovete scrivere il nome dell'effetto perseguito (in questo caso per esempio SEPARAZIONE). Potete incidere anche il nome del segno o del decano ascendente e del suo signore. Non dimenticate di incidere anche i nomi delle persone destinatarie degli effetti.
Nella parte posteriore del talismano potete invece incidere un motto a vostra scelta, in latino o in ebraico, tratto per esempio da un brano della Bibbia o di altra opera (non soltanto religiosa) in cui si parla di cose affini allo scopo perseguito.

Incensi. Asafoetida e il pelo di un leone.

Colore degli indumenti, e di tovaglia e candele. Per tutti i talismani delle dimore lunari è preferibile il colore bianco, essendo un colore associato alla Luna. Resta comunque fermo il principio generale secondo cui in alternativa è sempre possibile usare colori legati allo specifico scopo perseguito (in questo caso il nero).

Invocazione. Bisogna invocare Abdizu (Abdizuel, secondo Agrippa).
In aggiunta è possibile recitare la preghiera alla Luna contenuta nel capitolo settimo del terzo libro del Picatrix, oppure l'Inno Orfico alla Luna (che riporto nel paragrafo relativo al talismano della Luna).

TALISMANO DELLA DODICESIMA DIMORA LUNARE PER DISTRUGGERE RICCHEZZE E NAVI (Picatrix, libro 1, cap.4).

Valga quanto sopra detto per l'altro talismano della dodicesima dimora lunare tenendo però presente che si tratta di uno dei talismani di cui si parla nel primo libro del Picatrix, quindi non vi è alcuna indicazione circa le immagini da incidere e gli incensi da usare. A questo riguardo vi rimando a quanto detto all'inizio del capitolo su come usare le laconiche istruzioni del Picatrix per questo tipo di immagini.

TALISMANO DELLA QUATTORDICESIMA DIMORA LUNARE PER LA SEPARAZIONE DI UOMINI E DONNE (Picatrix, libro 4, cap.9).

Condizioni astrologiche essenziali. La Luna deve trovarsi tra 17°8' Vergine e 0° Bilancia (questa è l'estensione della quattordicesima dimora lunare). La Luna deve trovarsi all'Ac o al Mc.

Immagine da incidere. Secondo il Picatrix questa dimora è adatta per separare uomini e donne. L'immagine è quella di un cane che tiene la coda in bocca.

Materiali su cui incidere il talismano. L'immagine dev'essere incisa in cera rossa.

Simboli da incidere. Il nome arabo di questa dimora lunare è Al-Simak.
Secondo il Picatrix l'angelo che la governa è Erdegal, secondo Cornelio Agrippa è Ergediel. Potete dunque incidere queste parole sotto l'immagine. Inoltre dovete scrivere il nome dell'effetto perseguito (in questo caso per esempio SEPARAZIONE). Potete incidere anche il nome del segno o del decano ascendente e del suo signore. Non dimenticate di incidere anche i nomi delle persone destinatarie degli effetti.
Nella parte posteriore del talismano potete invece incidere un motto a vostra scelta, in latino o in ebraico, tratto per esempio da un brano della Bibbia o di altra opera (non soltanto religiosa) in cui si parla di cose affini allo scopo perseguito.

Incensi. Peli di cane e di gatto.

Colore degli indumenti, e di tovaglia e candele. Per tutti i talismani delle dimore lunari è preferibile il colore bianco, essendo un colore associato alla Luna. Resta comunque fermo il principio generale secondo cui in alternativa è sempre possibile usare colori legati allo specifico scopo perseguito (in questo caso il nero o il rosso).

Invocazione. Bisogna invocare Erdegal (Ergediel, secondo Agrippa). In aggiunta è possibile recitare la preghiera alla Luna contenuta nel capitolo settimo del terzo libro del Picatrix, oppure l'Inno Orfico alla Luna (che riporto nel paragrafo relativo al talismano della Luna).

TALISMANO DELLA QUATTORDICESIMA DIMORA LUNARE PER DISTRUGGERE PIANTE, RACCOLTI, I VIAGGI SU STRADA E IL DESIDERIO SESSUALE (Picatrix, libro 1, cap. 4)

Valga quanto sopra detto per l'altro talismano della quattordicesima dimora lunare, tenendo però presente che si tratta di uno dei talismani di cui si parla nel primo libro del Picatrix, quindi non vi è alcuna indicazione circa le immagini da incidere e gli incensi da usare. A questo riguardo vi rimando a quanto detto all'inizio del capitolo su come usare le laconiche istruzioni del Picatrix per questo tipo di immagini.

TALISMANO DELLA QUINDICESIMA DIMORA LUNARE PER DANNEGGIARE I VIAGGI, SEPARARE CONIUGI, AMICI E ALLEATI, PER ALLONTANARE I NEMICI DALLA VOSTRA ZONA E DISTRUGGERE LE LORO CASE (Picatrix, libro 1, cap. 4).

Condizioni astrologiche essenziali. La Luna deve trovarsi tra 0° Bilancia e 12°51' Bilancia (questa è l'estensione della quindicesima dimora lunare). La Luna deve trovarsi all'Ac o al Mc.

Immagine da incidere. Secondo il Picatrix questa dimora è adatta alla creazione di immagini per danneggiare i viaggi, separare coniugi, amici e alleati, per allontanare i nemici dalla vostra zona e distruggere le loro case. Non viene però specificato il tipo di immagine, quindi potete scegliere un'immagine che ben rappresenti simbolicamente il vostro scopo.

Materiali su cui incidere il talismano. Possiamo ricorrere ad una normale incisione su argento, trattandosi di un metallo che, come sappiamo, è governato dalla Luna.

Simboli da incidere. Il nome arabo di questa dimora lunare è Al-Ghafr.
Secondo il Picatrix l'angelo che la governa è Alchalich, secondo Cornelio Agrippa è Ataliel. Potete dunque incidere il nome della dimora e dell'angelo sotto l'immagine, e non dimenticate di incidere anche i nomi delle persone destinatarie degli effetti.
Inoltre dovete scrivere il tipo di effetto perseguito. Ricordate di incidere anche il nome del segno o del decano ascendente e del suo signore.
Nella parte posteriore del talismano potete invece incidere un motto a vostra scelta, in latino o in ebraico, tratto per esempio da un brano della Bibbia o di altra opera (non soltanto religiosa) in cui si parla di cose affini allo scopo del talismano.

Incensi. In mancanza di specifiche indicazioni potete usare qualsiasi incenso adatto allo scopo.

Colore degli indumenti, e di tovaglia e candele. Per tutti i talismani delle dimore lunari è preferibile il colore bianco, essendo un colore associato alla Luna. Resta comunque fermo il principio generale secondo cui in alternativa è sempre possibile usare colori legati allo specifico scopo perseguito (per esempio in questo caso il nero o il rosso).

Invocazione. Bisogna invocare Alchalich (Ataliel, secondo Agrippa). In aggiunta è possibile recitare la preghiera alla Luna contenuta nel capitolo settimo del terzo libro del Picatrix, oppure l'Inno Orfico alla Luna (che riporto nel paragrafo relativo al talismano della Luna).
Tuttavia le indicazioni relative allo spirito da invocare sono date in un'altra sezione del Picatrix (libro 4) che si riferisce a un'altra serie tradizionale di talismani di questo tipo, quindi non è ben chiaro se possiamo estenderle anche agli altri talismani delle dimore lunari elencati nel libro 1.

TALISMANO DELLA SEDICESIMA DIMORA LUNARE PER LA DISTRUZIONE DI MERCANZIE, RACCOLTI E PIANTE, PER METTERE DISCORDIA TRA AMICI O TRA CONIUGI, PER DANNEGGIARE DONNE, PER IMPEDIRE UN VIAGGIO PER STRADA COSI' CHE NON POSSA ESSERE COMPLETATO (Picatrix, libro 1, cap. 4)

Condizioni astrologiche essenziali. La Luna deve trovarsi tra 12°51' Bilancia Bilancia e 25°42' Bilancia (questa è l'estensione della sedicesima dimora lunare). La Luna deve trovarsi all'Ac o al Mc.

Immagine da incidere. Secondo il Picatrix questa dimora è adatta alla creazione di immagini per la distruzione di mercanzie, raccolti e piante, per mettere discordia tra amici o tra coniugi, per danneggiare donne, per impedire un viaggio per strada cosi' che non possa essere completato. Non viene però specificato il tipo di immagine, quindi potete scegliere un'immagine che ben rappresenti simbolicamente il vostro scopo.

Materiali su cui incidere il talismano. Possiamo ricorrere ad una normale incisione su argento, trattandosi di un metallo che, come sappiamo, è governato dalla Luna.

Simboli da incidere. Il nome arabo di questa dimora lunare è Al-Zubana.
Secondo il Picatrix l'angelo che la governa è Azeruch, secondo Cornelio Agrippa è Azeruel. Potete dunque incidere il nome della dimora e dell'angelo sotto l'immagine, e non dimenticate di incidere anche i nomi delle persone destinatarie degli effetti.
Inoltre dovete scrivere il tipo di effetto perseguito. Ricordate di incidere anche il nome del segno o del decano ascendente e del suo signore.
Nella parte posteriore del talismano potete invece incidere un motto a vostra scelta, in latino o in ebraico, tratto per esempio da un brano della Bibbia o di

altra opera (non soltanto religiosa) in cui si parla di cose affini allo scopo del talismano.

Incensi. In mancanza di specifiche indicazioni potete usare qualsiasi incenso adatto allo scopo.

Colore degli indumenti, e di tovaglia e candele. Per tutti i talismani delle dimore lunari è preferibile il colore bianco, essendo un colore associato alla Luna. Resta comunque fermo il principio generale secondo cui in alternativa è sempre possibile usare colori legati allo specifico scopo perseguito (per esempio in questo caso il nero o il rosso).

Invocazione. Bisogna invocare Azeruch (Azeruel, secondo Agrippa). In aggiunta è possibile recitare la preghiera alla Luna contenuta nel capitolo settimo del terzo libro del Picatrix, oppure l'Inno Orfico alla Luna (che riporto nel paragrafo relativo al talismano della Luna).
Tuttavia le indicazioni relative allo spirito da invocare sono date in un'altra sezione del Picatrix (libro 4) che si riferisce a un'altra serie tradizionale di talismani di questo tipo, quindi non è ben chiaro se possiamo estenderle anche agli altri talismani delle dimore lunari elencati nel libro 1.

TALISMANO DELLA DICIASSETTESIMA DIMORA LUNARE PER FAVORIRE GLI INGANNI O PER ASSEDIARE CITTA' (Picatrix, libro 1, cap. 4).

Condizioni astrologiche essenziali. La Luna deve trovarsi tra 25°42' Bilancia e 8°34' Scorpione (questa è l'estensione della diciassettesima dimora lunare). La Luna deve trovarsi all'Ac o al Mc.
Immagine da incidere. Secondo il Picatrix questa dimora è adatta per favorire gli inganni o per l'assedio di città. Non viene però specificata alcuna immagine da incidere, quindi potete usarne una che sia una buona rappresentazione simbolica dei vostri scopi.
Materiali su cui incidere il talismano. Non specificati.
Simboli da incidere. Il nome arabo di questa dimora lunare è Al- Iklil. Secondo il Picatrix l'angelo che la governa è Adrieb (secondo Agrippa il suo nome è Adriel). Potete dunque incidere queste due parole sotto l'immagine. Inoltre dovete scrivere il tipo di effetto perseguito. Potete incidere anche il nome del segno o del decano ascendente e del suo signore.
Nella parte posteriore del talismano potete invece incidere un motto a vostra scelta, in latino o in ebraico, tratto per esempio da un brano della Bibbia o di altra opera (non soltanto religiosa) in cui si parla di cose affini allo scopo perseguito.

Incensi. Non specificato.

Colore degli indumenti, e di tovaglia e candele. Per tutti i talismani delle dimore lunari è preferibile il colore bianco, essendo un colore associato alla Luna. Resta comunque fermo il principio generale secondo cui in alternativa è sempre possibile usare colori legati allo specifico scopo perseguito (in questo caso il nero o il rosso).

Invocazione. Secondo il Picatrix lo spirito che governa questa dimora lunare si chiama Adrieb (Adriel secondo Agrippa), quindi è lui che bisogna invocare. In aggiunta è possibile recitare la preghiera alla Luna contenuta nel capitolo settimo del terzo libro del Picatrix, oppure l'Inno Orfico alla Luna (che riporto nel paragrafo relativo al talismano della Luna).
Tuttavia le indicazioni relative allo spirito da invocare sono date in un'altra sezione del Picatrix (libro 4) che si riferisce a un'altra serie tradizionale di talismani di questo tipo, quindi non è ben chiaro se possiamo estenderle anche agli altri talismani delle dimore lunari elencati nel libro 1.

TALISMANO DELLA DICIOTTESIMA DIMORA LUNARE PER LA COSPIRAZIONE CONTRO I RE, LA VENDETTA CONTRO I NEMICI, LA SEPARAZIONE DI DUE AMICI (Picatrix, libro 1, cap.4)

Condizioni astrologiche essenziali. La Luna deve trovarsi tra 8°34' e 21°25' dello Scorpione (questa è l'estensione della diciottesima dimora lunare). La Luna deve trovarsi all'Ac o al Mc.
Immagine da incidere. Secondo il Picatrix questa dimora è adatta per immagini volte a favorire la cospirazione contro i re, la vendetta contro i nemici, la separazione di due amici. Non viene però specificata alcuna immagine da incidere, quindi potete usarne una che sia una buona rappresentazione simbolica dei vostri scopi.
Materiali su cui incidere il talismano. Non specificati.
Simboli da incidere. Il nome arabo di questa dimora lunare è Al-Qalb. Secondo il Picatrix l'angelo che la governa è Egribel (secondo Agrippa il suo nome è Egibiel). Potete dunque incidere queste due parole sotto l'immagine. Inoltre dovete scrivere il tipo di effetto perseguito. Potete incidere anche il nome del segno o del decano ascendente e del suo signore.
Nella parte posteriore del talismano potete invece incidere un motto a vostra scelta, in latino o in ebraico, tratto per esempio da un brano della Bibbia o di altra opera (non soltanto religiosa) in cui si parla di cose affini allo scopo perseguito.

Incensi. Non specificato.

Colore degli indumenti, e di tovaglia e candele. Per tutti i talismani delle dimore lunari è preferibile il colore bianco, essendo un colore associato alla Luna. Resta comunque fermo il principio generale secondo cui in alternativa è sempre possibile usare colori legati allo specifico scopo perseguito (in questo caso il nero o il rosso).

Invocazione. Secondo il Picatrix lo spirito che governa questa dimora lunare si chiama Egribel (Egibiel secondo Agrippa), quindi è lui che bisogna invocare. In aggiunta è possibile recitare la preghiera alla Luna contenuta nel capitolo settimo del terzo libro del Picatrix, oppure l'Inno Orfico alla Luna (che riporto nel paragrafo relativo al talismano della Luna).

Tuttavia le indicazioni relative allo spirito da invocare sono date in un'altra sezione del Picatrix (libro 4) che si riferisce a un'altra serie tradizionale di talismani di questo tipo, quindi non è ben chiaro se possiamo estenderle anche agli altri talismani delle dimore lunari elencati nel libro 1.

TALISMANO DELLA DICIANNOVESIMA DIMORA LUNARE PER ASSEDIARE E CONQUISTARE CITTA', PER DISTRUGGERE PERSONE DI CUI DESIDERATE LA RICCHEZZA, PER SCACCIARE GLI UOMINI DA UN CERTO LUOGO, DISTRUGGERE NAVI, UCCIDERE PRIGIONIERI (Picatrix, libro 1, cap.4)

Condizioni astrologiche essenziali. La Luna deve trovarsi tra 21°25 Scorpione e 4°17' Sagittario (questa è l'estensione della diciannovesima dimora lunare). La Luna deve trovarsi all'Ac o al Mc.

Immagine da incidere. Secondo il Picatrix questa dimora è adatta per immagini volte a distruggere persone di cui desiderate la ricchezza, per scacciare gli uomini da un certo luogo, distruggere navi, uccidere prigionieri. Non viene però specificata alcuna immagine da incidere, quindi potete usarne una che sia una buona rappresentazione simbolica dei vostri scopi.

Materiali su cui incidere il talismano. Non specificati.

Simboli da incidere. Il nome arabo di questa dimora lunare è Al-Shaulah. Secondo il Picatrix l'angelo che la governa è Annuncel (secondo Agrippa il suo nome è Amutiel). Potete dunque incidere queste due parole sotto l'immagine. Inoltre dovete scrivere il tipo di effetto perseguito. Potete incidere anche il nome del segno o del decano ascendente e del suo signore.

Nella parte posteriore del talismano potete invece incidere un motto a vostra scelta, in latino o in ebraico, tratto per esempio da un brano della Bibbia o di altra opera (non soltanto religiosa) in cui si parla di cose affini allo scopo perseguito.

Incensi. Non specificato.

Colore degli indumenti, e di tovaglia e candele. Per tutti i talismani delle dimore lunari è preferibile il colore bianco, essendo un colore associato alla Luna. Resta comunque fermo il principio generale secondo cui in alternativa è sempre possibile usare colori legati allo specifico scopo perseguito (in questo caso il nero o il rosso).

Invocazione. Secondo il Picatrix lo spirito che governa questa dimora lunare si chiama Annunciel (Amutiel secondo Agrippa), quindi è lui che bisogna invocare. In aggiunta è possibile recitare la preghiera alla Luna contenuta nel capitolo settimo del terzo libro del Picatrix, oppure l'Inno Orfico alla Luna (che riporto nel paragrafo relativo al talismano della Luna).

Tuttavia le indicazioni relative allo spirito da invocare sono date in un'altra sezione del Picatrix (libro 4) che si riferisce a un'altra serie tradizionale di talismani di questo tipo, quindi non è ben chiaro se possiamo estenderle anche agli altri talismani delle dimore lunari elencati nel libro 1.

TALISMANO DELLA VENTUNESIMA DIMORA LUNARE PER LA DISTRUZIONE DI UN CERTO LUOGO (Picatrix, libro 4, cap.9)

Condizioni astrologiche essenziali. La Luna deve trovarsi tra 17°8' Sagittario e 0° Capricorno (questa è l'estensione della ventunesima dimora lunare). La Luna deve trovarsi all'Ac o al Mc.

Immagine da incidere. Secondo il Picatrix questa dimora è adatta alla creazione di immagini per la distruzione di un certo luogo. L'immagine è quella di un uomo con due facce (una che guarda avanti e una dietro).

Materiali su cui incidere il talismano. Non specificato. Possiamo ricorrere ad una normale incisione su argento, trattandosi di un metallo che, come sappiamo, è governato dalla Luna.

Simboli da incidere. Il nome arabo di questa dimora lunare è Al-Baldah.
Secondo il Picatrix l'angelo che la governa è Bectue, secondo Cornelio Agrippa è Bethnael. Potete dunque incidere il nome della dimora e dell'angelo sotto l'immagine, e non dimenticate di incidere anche i nomi dei luoghi destinatari degli effetti.
Inoltre dovete scrivere il tipo di effetto perseguito. Ricordate di incidere anche il nome del segno o del decano ascendente e del suo signore.
Nella parte posteriore del talismano potete invece incidere un motto a vostra scelta, in latino o in ebraico, tratto per esempio da un brano della Bibbia o di altra opera (non soltanto religiosa) in cui si parla di cose affini allo scopo del talismano.

Incensi. Zolfo e catrame secco.

Colore degli indumenti, e di tovaglia e candele. Per tutti i talismani delle dimore lunari è preferibile il colore bianco, essendo un colore associato alla Luna. Resta comunque fermo il principio generale secondo cui in alternativa è sempre possibile usare colori legati allo specifico scopo perseguito (in questo caso il rosso o il nero).

Invocazione. Bisogna invocare Bectue. In aggiunta è possibile recitare la preghiera alla Luna contenuta nel capitolo settimo del terzo libro del Picatrix, oppure l'Inno Orfico alla Luna (che riporto nel paragrafo relativo al talismano della Luna).

TALISMANO DELLA VENTIDUESIMA DIMORA LUNARE PER METTERE DISCORDIA TRA DUE PERSONE E FAR FUGGIRE I PRIGIONIERI (Picatrix, libro 1, cap.4)

Condizioni astrologiche essenziali. La Luna deve trovarsi tra 0° Capricorno e
12°51' Capricorno (questa è l'estensione della ventiduesima dimora lunare). La Luna deve trovarsi all'Ac o al Mc.

Immagine da incidere. Leggiamo nel Picatrix che in questa dimora si possono fare immagini per mettere discordia tra due persone e far fuggire i prigionieri. Poiché non viene indicata una specifica immagine, possiamo usare qualsiasi immagine che costituisca una buona rappresentazione simbolica del nostro scopo.

Materiali su cui incidere il talismano. Possiamo ricorrere ad una normale incisione su argento, trattandosi di un metallo che, come sappiamo, è governato dalla Luna.

Simboli da incidere. Il nome arabo di questa dimora lunare è Sa'd al-Dhabih. Secondo il Picatrix l'angelo che la governa è Geyel (secondo Agrippa, Geliel). Potete dunque incidere queste due parole sotto l'immagine, e non dimenticate di incidere anche il vostro nome, o quello della persona per cui fate il talismano.
Inoltre potete scrivere il tipo di effetto perseguito. Ricordate di incidere anche il nome del segno o del decano ascendente e del suo signore.
Nella parte posteriore del talismano potete invece incidere un motto a vostra scelta, in latino o in ebraico, tratto per esempio da un brano della Bibbia o di altra opera (non soltanto religiosa) in cui si parla di cose affini allo scopo del talismano.

Incensi. In mancanza di specifiche indicazioni potete usare qualsiasi incenso adatto allo scopo.

Colore degli indumenti, e di tovaglia e candele. Per tutti i talismani delle dimore lunari è preferibile il colore bianco, essendo un colore associato alla Luna. Resta comunque fermo il principio generale secondo cui in alternativa è sempre possibile usare colori legati allo specifico scopo perseguito.

Invocazione. Bisogna invocare Geyel. In aggiunta è possibile recitare la preghiera alla Luna contenuta nel capitolo settimo del terzo libro del Picatrix, oppure l'Inno Orfico alla Luna (che riporto nel paragrafo relativo al talismano della Luna).
Tuttavia le indicazioni relative allo spirito da invocare sono date in un'altra sezione del Picatrix (libro 4) che si riferisce a un'altra serie tradizionale di talismani di questo tipo, quindi non è ben chiaro se possiamo estenderle anche agli altri talismani delle dimore lunari elencati nel libro 1.

TALISMANO DELLA VENTITREESIMA DIMORA LUNARE PER DIVIDERE CONIUGI E FAR FUGGIRE PRIGIONIERI (Picatrix, libro 1, cap.4)

Condizioni astrologiche essenziali. La Luna deve trovarsi tra 12°51' Capricorno e
25°42' Capricorno (questa è l'estensione della ventitreesima dimora lunare). La Luna deve trovarsi all'Ac o al Mc.

Immagine da incidere. Leggiamo nel Picatrix che in questa dimora si possono fare immagini per dividere i coniugi e far fuggire i prigionieri. Poiché non viene indicata una specifica immagine, possiamo usare qualsiasi immagine che costituisca una buona rappresentazione simbolica del nostro scopo.

Materiali su cui incidere il talismano. Possiamo ricorrere ad una normale incisione su argento, trattandosi di un metallo che, come sappiamo, è governato dalla Luna.

Simboli da incidere. Il nome arabo di questa dimora lunare è S'ad Bula. Secondo il Picatrix l'angelo che la governa è Zequebin (secondo Agrippa, Requiel). Potete dunque incidere queste due parole sotto l'immagine, e non dimenticate di incidere anche il nome dei destinatari degli effetti del talismano. Inoltre potete scrivere il tipo di effetto perseguito. Ricordate di incidere anche il nome del segno o del decano ascendente e del suo signore.
Nella parte posteriore del talismano potete invece incidere un motto a vostra scelta, in latino o in ebraico, tratto per esempio da un brano della Bibbia o di altra opera (non soltanto religiosa) in cui si parla di cose affini allo scopo del talismano.

Incensi. In mancanza di specifiche indicazioni potete usare qualsiasi incenso adatto allo scopo.

Colore degli indumenti, e di tovaglia e candele. Per tutti i talismani delle dimore lunari è preferibile il colore bianco, essendo un colore associato alla Luna. Resta comunque fermo il principio generale secondo cui in alternativa è sempre possibile usare colori legati allo specifico scopo perseguito.

Invocazione. Bisogna invocare Zequebin (o Requiel, secondo Agrippa). In aggiunta è possibile recitare la preghiera alla Luna contenuta nel capitolo settimo del terzo libro del Picatrix, oppure l'Inno Orfico alla Luna (che riporto nel paragrafo relativo al talismano della Luna).
Tuttavia le indicazioni relative allo spirito da invocare sono date in un'altra sezione del Picatrix (libro 4) che si riferisce a un'altra serie tradizionale di talismani di questo tipo, quindi non è ben chiaro se possiamo estenderle anche agli altri talismani delle dimore lunari elencati nel libro 1.

TALISMANO DELLA VENTITREESIMA DIMORA LUNARE PER LA DISTRUZIONE E DEVASTAZIONE (Picatrix, libro 4, cap.9)

Condizioni astrologiche essenziali. La Luna deve trovarsi tra 12°51' Capricorno e
25°42' Capricorno (questa è l'estensione della ventitreesima dimora lunare). La Luna deve trovarsi all'Ac o al Mc.

Immagine da incidere. Leggiamo nel Picatrix che in questa dimora si possono fare immagini per la distruzione e la devastazione di un luogo. L'immagine è quella di un gatto con la coda di un cane.

Materiali su cui incidere il talismano. Ferro.

Simboli da incidere. Il nome arabo di questa dimora lunare è S'ad Bula. Secondo il Picatrix l'angelo che la governa è Zequebin (secondo Agrippa, Requiel). Potete dunque incidere queste due parole sotto l'immagine, e non dimenticate di incidere anche il nome dei luoghi o persone destinatari degli effetti del talismano.

Inoltre potete scrivere il tipo di effetto perseguito. Ricordate di incidere anche il nome del segno o del decano ascendente e del suo signore.

Nella parte posteriore del talismano potete invece incidere un motto a vostra scelta, in latino o in ebraico, tratto per esempio da un brano della Bibbia o di altra opera (non soltanto religiosa) in cui si parla di cose affini allo scopo del talismano.

Incensi. Peli di un cane.

Colore degli indumenti, e di tovaglia e candele. Per tutti i talismani delle dimore lunari è preferibile il colore bianco, essendo un colore associato alla Luna. Resta comunque fermo il principio generale secondo cui in alternativa è sempre possibile usare colori legati allo specifico scopo perseguito (in questo caso il rosso o il nero).

Invocazione. Bisogna invocare Zequebin (o Requiel, secondo Agrippa). In aggiunta è possibile recitare la preghiera alla Luna contenuta nel capitolo settimo del terzo libro del Picatrix, oppure l'Inno Orfico alla Luna (che riporto nel paragrafo relativo al talismano della Luna).

TALISMANO DELLA VENTICINQUESIMA DIMORA LUNARE PER LEGARE I CONIUGI COSI' CHE NON POSSANO PIU' FAR SESSO O PER LEGARE QUALSIASI PARTE DEL CORPO UMANO, PER ASSEDIARE CITTA', VENDICARSI DEI NEMICI E SEPARARE CONIUGI.

Condizioni astrologiche essenziali. La Luna deve trovarsi tra 8°34' e 21°25' Acquario (questa è l'estensione della venticinquesima dimora lunare). La Luna deve trovarsi all'Ac o al Mc.

Immagine da incidere. Leggiamo nel Picatrix che in questa dimora si possono fare immagini per legare i coniugi così che non possano più far sesso o per legare qualsiasi parte del corpo umano così da renderla incapace di svolgere la sua funzione, o anche per assediare città, vendicarsi dei nemici e separare coniugi. Poiché non viene indicata una specifica immagine, possiamo usare qualsiasi immagine che costituisca una buona rappresentazione simbolica del nostro scopo.

Materiali su cui incidere il talismano. Possiamo ricorrere ad una normale incisione su argento, trattandosi di un metallo che, come sappiamo, è governato dalla Luna.

Simboli da incidere. Il nome arabo di questa dimora lunare è Sa'd al-Akhbiyah. Secondo Agrippa l'angelo che la governa è Aziel. Potete dunque incidere queste due parole sotto l'immagine, e non dimenticate di incidere anche il vostro nome, o quello della persona per cui fate il talismano.

Inoltre potete scrivere il nome dell'effetto perseguito (in questo caso per esempio potreste scrivere X E Y LEGATI NON FANNO PIU' SESSO, oppure semplicemente IMPOTENZA). Ricordate di incidere anche il nome del segno o del decano ascendente e del suo signore.

Nella parte posteriore del talismano potete invece incidere un motto a vostra scelta, in latino o in ebraico, tratto per esempio da un brano della Bibbia o di altra opera (non soltanto religiosa) in cui si parla di cose affini allo scopo del talismano.

Incensi. In mancanza di specifiche indicazioni potete usare qualsiasi incenso adatto allo scopo.

Colore degli indumenti, e di tovaglia e candele. Per tutti i talismani delle dimore lunari è preferibile il colore bianco, essendo un colore associato alla Luna. Resta comunque fermo il principio generale secondo cui in alternativa è sempre possibile usare colori legati allo specifico scopo perseguito (in questo caso il rosso o il nero).

Invocazione. Bisogna invocare Aziel. In aggiunta è possibile recitare la preghiera alla Luna contenuta nel capitolo settimo del terzo libro del Picatrix, oppure l'Inno Orfico alla Luna (che riporto nel paragrafo relativo al talismano della Luna).

Tuttavia le indicazioni relative allo spirito da invocare sono date in un'altra sezione del Picatrix (libro 4) che si riferisce a un'altra serie tradizionale di talismani di questo tipo, quindi non è ben chiaro se possiamo estenderle anche agli altri talismani delle dimore lunari elencati nel libro 1.

Attenzione: riporto questi talismani malefici solo a scopo di studio e sconsiglio di servirsene. Se a trattenervi non bastano considerazioni di ordine morale, spero che teniate nel debito conto anche il rischio del cosiddetto "colpo di ritorno".

TALISMANO DELLA VENTISETTESIMA DIMORA LUNARE PER DISTRUGGERE LE RICCHEZZE ALTRUI, IMPEDIRE LA COSTRUZIONE DI EDIFICI, RENDERE PERICOLOSI I VIAGGI PER MARE, PROLUNGARE LA CARCERAZIONE DI QUALCUNO O FARE QUALSIASI ALTRO TIPO DI MALE (Picatrix, libro 1, cap. 4)

Condizioni astrologiche essenziali. La Luna deve trovarsi tra 4°17' Pesci e 17°8' Pesci (questa è l'estensione della ventisettesima dimora lunare). La Luna deve trovarsi all'Ac o al Mc.

Immagine da incidere. Leggiamo nel Picatrix che in questa dimora si possono fare immagini per distruggere le ricchezze altrui, impedire la costruzione di edifici, rendere pericolosi i viaggi per mare, prolungare la carcerazione di qualcuno o fare qualsiasi altro tipo di male. Poiché non viene indicata una specifica immagine, possiamo usare qualsiasi immagine che costituisca una buona rappresentazione simbolica del nostro scopo.

Materiali su cui incidere il talismano. Possiamo ricorrere ad una normale incisione su argento, trattandosi di un metallo che, come sappiamo, è governato dalla Luna.

Simboli da incidere. Il nome arabo di questa dimora lunare è Al Fargh al Thani. Secondo il Picatrix l'angelo che la governa è Abliemel (secondo Agrippa, Alheniel). Potete dunque incidere queste due parole sotto l'immagine, e non dimenticate di incidere anche il nome dei destinatari degli effetti del talismano.
Inoltre potete scrivere il tipo di effetto perseguito. Ricordate di incidere anche il nome del segno o del decano ascendente e del suo signore.
Nella parte posteriore del talismano potete invece incidere un motto a vostra scelta, in latino o in ebraico, tratto per esempio da un brano della Bibbia o di altra opera (non soltanto religiosa) in cui si parla di cose affini allo scopo del talismano.

Incensi. In mancanza di specifiche indicazioni potete usare qualsiasi incenso adatto allo scopo.

Colore degli indumenti, e di tovaglia e candele. Per tutti i talismani delle dimore lunari è preferibile il colore bianco, essendo un colore associato alla Luna. Resta comunque fermo il principio generale secondo cui in alternativa è sempre possibile usare colori legati allo specifico scopo perseguito (il questo caso il nero o il rosso).

Invocazione. Bisogna invocare Abliemel (o Alheniel, secondo Agrippa). In aggiunta è possibile recitare la preghiera alla Luna contenuta nel capitolo settimo del terzo libro del Picatrix, oppure l'Inno Orfico alla Luna (che riporto nel paragrafo relativo al talismano della Luna).
Tuttavia le indicazioni relative allo spirito da invocare sono date in un'altra sezione del Picatrix (libro 4) che si riferisce a un'altra serie tradizionale di talismani di questo tipo, quindi non è ben chiaro se possiamo estenderle anche agli altri talismani delle dimore lunari elencati nel libro 1.

TALISMANO DELLA VENTOTTESIMA DIMORA LUNARE PER ASSEDIARE CITTA', DISTRUGGERE UN LUOGO, RENDERE FERMA LA DETENZIONE DEI PRIGIONIERI, DANNEGGIARE I NAVIGANTI (Picatrix, libro 1, cap.4)

Condizioni astrologiche essenziali. La Luna deve trovarsi tra 17°8' Pesci e 0° Ariete (questa è l'estensione della ventottesima dimora lunare). La Luna deve trovarsi all'Ac o al Mc.

Immagine da incidere. Leggiamo nel Picatrix che in questa dimora si possono fare immagini per assediare citta', distruggere un luogo, rendere ferma la detenzione dei prigionieri, danneggiare i naviganti. Poiché non viene indicata una specifica immagine, possiamo usare qualsiasi immagine che costituisca una buona rappresentazione simbolica del nostro scopo.

Materiali su cui incidere il talismano. Possiamo ricorrere ad una normale incisione su argento, trattandosi di un metallo che, come sappiamo, è governato dalla Luna.

Simboli da incidere. Il nome arabo di questa dimora lunare è Batn al-Hut. Secondo il Picatrix l'angelo che la governa è Abliemel (secondo Agrippa, Amnixiel). Potete dunque incidere queste due parole sotto l'immagine, e non dimenticate di incidere anche il nome dei destinatari degli effetti del talismano. Inoltre potete scrivere il tipo di effetto perseguito. Ricordate di incidere anche il nome del segno o del decano ascendente e del suo signore.

Nella parte posteriore del talismano potete invece incidere un motto a vostra scelta, in latino o in ebraico, tratto per esempio da un brano della Bibbia o di altra opera (non soltanto religiosa) in cui si parla di cose affini allo scopo del talismano.

Incensi. In mancanza di specifiche indicazioni potete usare qualsiasi incenso adatto allo scopo.

Colore degli indumenti, e di tovaglia e candele. Per tutti i talismani delle dimore lunari è preferibile il colore bianco, essendo un colore associato alla Luna. Resta comunque fermo il principio generale secondo cui in alternativa è sempre possibile usare colori legati allo specifico scopo perseguito (il questo caso il nero o il rosso).

Invocazione. Bisogna invocare Abliemel (o Amnixiel, secondo Agrippa). In aggiunta è possibile recitare la preghiera alla Luna contenuta nel capitolo settimo del terzo libro del Picatrix, oppure l'Inno Orfico alla Luna (che riporto nel paragrafo relativo al talismano della Luna).

Tuttavia le indicazioni relative allo spirito da invocare sono date in un'altra sezione del Picatrix (libro 4) che si riferisce a un'altra serie tradizionale di talismani di questo tipo, quindi non è ben chiaro se possiamo estenderle anche agli altri talismani delle dimore lunari elencati nel libro 1.

TALISMANO DEL PICATRIX PER DISTRUGGERE IL NEMICO

Dev'essere incisa un'immagine che abbia le fattezze della vittima nell'ora di Marte e con la Luna nello Scorpione. L'Ascendente sia il più possibile afflitto, in particolare dalla presenza dei malefici o dalla loro quadratura e opposizione. Anche il signore dell'Asc dev'essere afflitto da un malefico. Più in generale, sia il signore dell'Asc che quello della quarta casa devono essere afflitti e in aspetto tra loro. L'immagine dev'essere poi sepolta a testa in giù nella città in cui vive il nemico (Picatrix, libro 1, cap.5).

Un'altra immagine per la distruzione di un nemico

Create due immagini, la prima nell'ora del Sole con il Leone all'Asc e la Luna in casa cadente, l'altra nell'ora di Marte con il Cancro all'Asc e Marte cadente dalla Luna[6]. Createle in modo tale che si colpiscano l'una con l'altra.

---

[6] Marte deve trovarsi nella terza, sesta, nona o dodicesima casa a partire da quella in cui si trova la Luna.

Seppellitele nell'ora di Marte mentre sorge il primo decano dell'Ariete. Grazie a queste immagini vi sarà possibile agire contro il vostro nemico nel modo che preferite (Picatrix, libro 1, cap.5).

Immagine per impedire la costruzione di edifici
Create due immagini, una nell'ora del Sole con il Leone all'Asc, e l'altra nell'ora della Luna con il Cancro all'Asc quando la Luna è crescente, libera dai malefici e veloce di moto. Poi seppellitele nell'ora di Venere nel luogo in cui dovrebbe sorgere l'edificio (Picatrix, libro 1, cap.5).

Immagine per scacciare una persona da un certo luogo
Create un'immagine con un segno curvo all'Asc e con il signore dell'Asc e la Luna in una casa cadente. Seppellite l'immagine a un incrocio quando la Luna è nella cosiddetta Via Combusta (cioè tra 15° Bilancia e 15° Scorpione) facendo in modo che la faccia dell'immagine sia rivolta in direzione opposta rispetto al luogo dal quale intendete scacciare la persona. Ne desumiamo quindi che anche l'incrocio in questione dev'essere posto nelle vicinanze del luogo (Picatrix, libro 1, cap.5).

Un'altra immagine per scacciare gli scorpioni da un certo luogo (adattabile a qualsiasi altro animale)
Create l'immagine dello scorpione in oro puro nell'ora del Sole all'Asc o nella quarta, settima o decima casa in Toro, Acquario o Leone, tenendo presente che il Leone è il segno preferibile, in quanto è il più contrario alla natura degli scorpioni. Il Sole sia in Leone e Saturno sia retrogrado. Prima create la coda, poi i piedi, poi le chele, e per ultima la testa. Mettete poi la chela sinistra al posto della destra e il piede destro al posto del sinistro. Mettete poi testa e coda nella loro normale posizione. Poi create il pungiglione e sistematelo al suo normale posto, ma rivolto in modo tale che lo scorpione punga se stesso con la sua coda. Seppellite l'immagine in una pietra dotata di un buco (la pietra dovrebbe essere di un minerale metallico) nel luogo che volete liberare dagli scorpioni (Picatrix, libro 1, cap.5).

Un esempio di preghiera per la separazione e l'inimicizia (Picatrix, libro 1, cap.5)
Io divido e separo la persona X dalla persona Y tramite le virtù di questi spiriti e pianeti, come la luce è divisa dalle tenebre. Che l'inimicizia e il male si frappongano tra queste due persone, come il fuoco e l'acqua sono nemici tra loro.

Caratteri e segni magici dei due pianeti malefici

Saturno

Marte

Segni planetari

Saturno

Marte

Caratteri planetari di Marte e Saturno

Saturno

Marte

Invocazione ad Algol per punire i nemici

È un rito malefico che invoca la gerarchia stellare di Algol anche tramite un talismano dedicato alla stella per attirare ira e punizione contro un nemico. Considerate però che Algol ha anche la natura di Giove, quindi è anche una potente stella guaritrice.

Nel mio libro "Magia astrale e talismani" e "Le quindici stelle beheniane tra magia e astrologia" trovate anche tutte le informazioni che servono per creare talismani di Algol. Del resto ne parlo anche nell'altro volume di questa collana dedicato ai riti di protezione magica.

Qui sotto trovate i sigilli di Algol e il testo dell'invocazione. Tenete presente che il riferimento al fidanzamento iniziatico con Algol e la sua gerarchia celeste dev'essere omesso da coloro che non intendono fare questo passo, che del resto dovrebbe essere previamente autorizzato da Algol tramite la divinazione, sogni o visioni[7].

---

[7] Il testo dell'invocazione è tratto da https://sorcerer.blog/ di Clifford Hartleigh

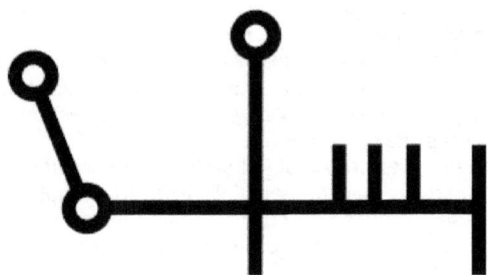

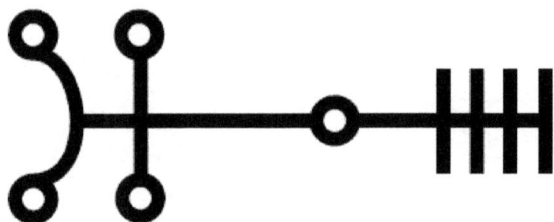

ALGOL

"O possente stella Algol, ti chiamo con tutti i tuoi nomi: Beta Persei tremolante, Ras Al Ghul insanguinato, Rosh ha'Sautaun, il terribile Gorgoneion, la terribile Quinta Stella del Mausoleo, temuta Tseih: armonizza questo talismano con me e per me, affinché io penetri tutti i suoi misteri, segreti e saggezza, e padroneggi i tuoi pieni poteri, prodigi e miracoli, ora e per sempre, che io lo indossi o no, da ora fino alla fine dei tempi. "Possa la tua luce e il tuo spirito dimorare in esso e dimorare in me, affinché io comandi immediatamente.

"Grande e potente stella, rendi i miei angeli, demoni e spiriti di ogni genere sottomessi a me, obbedienti a ogni mia volontà, comando e desiderio. Tu servi ubbidientemente e piamente l'Altissimo, e per Suo comando il tuo servizio è da me invocato in quest'ora. Ascolta dunque le mie parole: "Mi inginocchio davanti a te e cerco il tuo favore e patrocinio; poiché i pochi a cui concedi il tuo favore sono salvati, elevati, preservati e vendicati; e tutti quelli che non trovano il tuo favore sono rapidamente devastati e puniti. "Si dice che colui che porta il tuo talismano, il tuo emblema di favore, nave del tuo spirito e luce radiosa, abbia il supremo potere di protezione e di rappresaglia, così che tutti coloro che cercano di fargli del male siano ostacolati perfettamente; e le loro macchinazioni, tradimenti, calunnie, furti, tormenti, incantesimi, stregoneria, legami, maledizioni, fiamme, veleni, lame, dardi, pietre, randelli o proiettili torneranno tutti su di loro e li distruggeranno mentre cercano di distruggere lui. Stella selvaggia, concedimi il tuo aiuto e la tua liberazione.
"Possa la loro malizia tornare a loro come lo specchio perfetto riflette la luce. La loro spada entrerà nel loro cuore e i loro archi saranno spezzati. Afferrali con i tuoi denti affilati e non lasciarli mai andare. Ammassa una moltitudine di torture su di loro e colpiscili crudelmente con un colpo mortale.
"Scomponi e mutila i loro cadaveri, e fa' che i loro resti siano inquinati e profanati. Le loro polveri e ceneri saranno soffiate ai quattro angoli della terra, fino a quando non rimarrà nulla dei miei nemici, solo raccapriccianti racconti di monito per tutti gi altri.
"Moltiplica i loro tormenti. Il malvagio non può sfuggire al tuo sguardo; nemmeno nella morte saranno risparmiati.
"Il tuo spietato occhio di vendetta - fissialo sempre su di loro.
"Specchio dell'inimicizia, ti prego umilmente di concedermi questo potere in modo che io possa essere come il bel diamante; indistruttibile, riflettente, luminoso e con spigoli sempre affilati. Fammi come l'elleboro nero velenoso; portatore di agonia e morte per coloro che lo credono inoffensivo. Possa io essere più resistente della pietra di montagna, ma flessibile come il serpente assassino.
Il tuo aiuto mi proteggerà dai pericoli e mi renderà sicuro nel viaggio, vigile, appassionato, audace e veloce.
"Si dice che colui che porta il tuo talismano non teme ferite alle sue membra perché tu le conservi integre e al sicuro da ogni danno.
"Il tuo talismano dona successo alle petizioni e alle richieste fatte a principi, capi, leader, clienti e chiunque abbia potere; in modo che possano concedere rapidamente tutto ciò che si chiede.
Esso dona a chi lo indossa coraggio, vitalità e magnanimità. Garantisce la vittoria in qualunque contesa o lotta a cui tenta, attraverso la guerra, i giochi, la stregoneria o qualsiasi altra cosa. Poiché con te, invincibile stella della distruzione, il tuo favorito è audace e potente, e nulla di ciò che è sotto di te può ostacolare a lungo il suo cammino.
"Ti prego anche di concedermi tutti questi poteri per la loro massima perfezione e la saggezza di sapere come e quando usarli.
"Stella del massacro, eidolon dell'orrore, mangiatore di morti, assassino di uomini, occhi lampeggianti di terrore e rovina, stella decapitatrice, faro delle tombe, spopolatore di civiltà, stella sempre affamata, protettore selvaggio di mostri , terribile luce di sventura, implacabile portatore di rovina, padre della

devastazione, fiamma dell'oblio, signore del più grande dolore, volto luminoso di odio, bevitore di sangue, te il cui solo sguardo trasforma le acque in veleno, stella strangolatrice, ascolta la mia preghiera e distruggi i miei nemici, bagna la terra con i fiumi del loro sangue versato. Rallegrati della morte degli uomini. Concedimi una parte di tutti i tuoi poteri perché cerco di essere il tuo vassallo, il tuo figlio, il tuo sposo e sacerdote, così che io possa diventare un raggio della tua luce invincibile, terribile ed eterna. Il supremo boia nei regni celesti, demolitore di ossa, ventosa di midollo, gorilla di viscere, candela cadaverica, cuore roditore, te il cui sangue gocciolante semina vipere, stella ardente di omicidio, torcia dei corpi ammucchiati, lama assetata di vendetta, scintillio di annientamento, abominio in cremisi, vigile demone del vuoto, antico mostro dei mostri, fiero angelo sterminatore, difensore e vendicatore dei tuoi pochi favoriti, per favore guarda con favore a me e accetta la mia preghiera. Vai ora e manda avanti il tuo macabro esercito e il suo bagliore fatale per cercare i miei nemici dovunque possano essere, trafiggi i loro cuori con i tuoi terribili raggi rossi, falli tremare e cadere, uccidili ovunque si nascondano, fissa il tuo sguardo su di loro con giudizio severo e senza pietà di sorta. Che dalle mie dieci dita ricevano piaghe simili alle dieci piaghe d'Egitto affinché io possa inviar loro ogni forma di sofferenza e morte. Che le mie mani possano strozzare la gola dei miei nemici, e possa io strappargli la testa con queste mani per manifestare il tuo potere e la tua furia. Scaglia i loro corpi smembrati in morte fredda e plumbea, e le loro teste sanguinanti siano poste sulle picche alle porte delle città in sacrificio e tributo a te, affinché tutti sappiano del tuo potere, e delle conseguenze della tua terribile ira.

Brucia il tuo sigillo sul mio cuore, sul mio petto, sul mio corpo, sulla mia anima, sul mio spirito, sulle mie azioni, sul mio destino, sulla mia ira, sulla mia fama e sul mio potere. Concedimi i più grandi segreti delle magie letali, le stregonerie del tipo più grande e più terribile, irresistibile e spaventoso, così che anch'io sarò conosciuto come una luce di annientamento, per sempre. Coronami e adornami con la tua maestà cingendomi con la tua protezione e armami con i tuoi numerosi strumenti di distruzione, e tutti diranno nei secoli che coloro che sono stati messi contro di me sono stati distrutti dalle peggiori torture e che ho danzato sui loro cadaveri sbrindellati, e che mi sono rallegrato tra le loro ossa. Perché tu mi hai reso così, potente e temibile stella Algol. Stella di suprema sciagura, vai avanti come un diavolo, ma per me sii un angelo.

Immagine di Saturno per causare discordia tra due persone
Nel decimo capitolo del secondo libro del Picatrix sono riportati i segni da incidere su questo talismano. Tuttavia si tratta di un'immagine poco utile nella pratica, in quanto dovrebbe essere incisa nel durissimo e costosissimo diamante! Comunque questo talismano dovrebbe essere creato sotto l'influsso di Saturno, cioè nella sua ora e mentre il pianeta sorge. Una volta creato, il talismano dev'essere nascosto in un posto il più vicino possibile a quello in cui vivono le due persone (o almeno una delle due). Fate sempre attenzione a liberarvi il prima possibile di questi talismani malefici: non indossateli e non conservateli mai in casa vostra.

Talismano di Marte per fare ciò che desiderate, nel bene o nel male (Picatrix, libro 2, cap.10)

L'immagine (da incidere nel diamante) è quella di un uomo che cavalca un leone e nella mano destra tiene una spada sguainata, mentre nella sinistra tiene la testa di un uomo. Fate questo nell'ora di Marte mentre Marte sorge nel secondo decano dell'Ariete. Chiunque indossa questo talismano sarà potente nel bene e nel male, ma soprattutto nel male.

Talismano di Marte per causare paura e terrore negli altri (Picatrix, libro 2, cap.10)

Dev'essere inciso in una delle pietre di Marte, nell'ora di Marte e quando il pianeta è nel suo domicilio. L'immagine è quella di un uomo che indossa un'armatura di ferro con due spade, una stesa sopra il suo collo e un'altra sguainata nella sua mano destra. Nella sinistra ha invece la testa di un uomo.

Invocazione alla stella Alkaid (Benetnash) per vendicarsi dei nemici

Si tratta della stella *eta* dell'Orsa Maggiore. Il celebrante deve innanzitutto rivolgersi verso quella parte di cielo in cui si trova la stella. Bisogna bruciare un incenso composto di storace, noce moscata, agrifoglio, legno d'aloe (un'oncia per ciascuno di questi ingredienti), più tre once ciascuno di mastice e nardo. Il tutto dev'essere lavato e mescolato con vino, in modo tale da farne delle pillole da conservare e usare ogni volta che si vogliono invocare le stelle polari.

Mentre l'incenso brucia, prostratevi in direzione della stella e ripetete molte volte l'invocazione alla stella che trovate nel capitolo 7 del terzo libro del Picatrix (da cui è tratto questo rito).

Nel rito potete anche utilmente usare il sigillo della stella:

PARTE QUARTA
I TALISMANI MALEFICI DEI DECANI

Note generali

L'origine dei trentasei decani risale all'antico Egitto. Si trattava di stelle o di gruppi di stelle il cui sorgere ad una certa ora della notte veniva usato come una sorta di orologio che misurava le ore. Questi asterismi restavano "in vigore" per 10 giorni ciascuno, e poi venivano sostituiti, in quanto notte dopo notte ciascuna stella sorgeva con un certo scarto temporale rispetto alla notte precedente. In tal modo l'anno veniva diviso in 36 periodi di 10 giorni ciascuno. Dal punto di vista magico-religioso i decani erano considerati geni o demoni, appena inferiori alle divinità vere e proprie. In seguito i decani furono incorporati nello zodiaco dividendo ciascun segno in tre parti composte da 10° ciascuna.

Nella tradizione astrologica occidentale i decani si succedono secondo la sequenza caldea partendo però da Marte, in quanto governatore del primo decano dell'Ariete. Seguono quindi il Sole (secondo decano), Venere (terzo decano), Mercurio (signore del primo decano del Toro), e così via.

Il Picatrix si sofferma anche sulle condizioni astrologiche ottimali per realizzare questi talismani (libro 2, capitolo 11).

Innanzitutto il signore del decano deve trovarsi nel decano stesso e non dev'essere afflitto. Se per esempio si tratta di un talismano del terzo decano dell'Ariete, è necessario che Giove (signore di questo decano) sia tra 10° e 20° dell'Ariete, e che non sia afflitto.

Oltre a questa condizione essenziale ne viene indicata un'altra che tale non è, ma che se viene rispettata rende più potenti gli effetti del talismano: l'incisione e consacrazione del talismano dovrebbero avvenire nell'ora planetaria del signore del decano e mentre sorge il Sole. In alternativa il Sole dovrebbe essere in aspetto armonico a questo pianeta. Si noti che in caso di talismani malefici (cioè creati a fin di male) l'aspetto con il Sole dovrebbe essere disarmonico.

Il talismano dovrebbe essere inciso in un materiale adatto al pianeta che governa il decano, e a questo riguardo vi rimando alle istruzioni già date in merito ai talismani dei sette pianeti.

Il pianeta da invocare è il signore del decano. Può essere consigliabile incidere il talismano nella pietra associata a quel decano secondo il sistema di corrispondenze che stiamo per presentare. In alternativa potete ricorrere ad un metallo governato dal signore del decano, ma in alternativa potete sempre ricorrere a metalli come l'argento e l'oro, che sono i migliori metalli anche dal punto di vista magico.

Qui di seguito riportiamo soltanto i talismani "malefici" basati sui decani, indicando per ciascuno l'immagine da incidere e alcuni altri dati. Nelle pagine successive troverete i sigilli dei 36 decani e il loro nome. Ovviamente è bene incidere anche sigilli e nomi sui talismani. Ricordate che in tutti i talismani malefici è bene incidere anche una breve frase descrittiva degli effetti desiderati sulla parte posteriore del talismano, per esempio "miseria e sfortuna", nonché il nome del destinatario degli effetti.

Quindi potete incidere l'immagine e il nome del decano nella parte anteriore, mentre il sigillo, gli effetti e il nome del destinatario possono essere scritti sul retro.

Talismano del primo decano del Toro per la depravazione, la povertà, la miseria e la paura

Nel Codex Vindobonensis II primo decano è chiamato Zakchàl. È inciso su diaspro agata. Secondo il Picatrix il colore di questo decano è un fulvo fosco (fumoso). Dunque nelle operazioni di questo decano è bene scrivere con inchiostro di questo colore da produrre mescolando fuliggine e gomma.

Immagine: un uomo di colore rosso, con i denti bianchi e grandi sporgenti, le gambe lunghe e il corpo simile a un elefante. Con lui vi sono un cavallo, un cane e un vitello.

Pietra: selenite

Pianta: sferite

Talismano del secondo decano dei Gemelli per mali, inganni e afflizione

Immagine: Un uomo dal volto di aquila con la testa avvolta da un lino aperto, rivestito da una corazza di piombo. Tiene in mano una balestra e delle frecce e sulla testa ha un elmo di ferro con sopra una corona di seta.

Pietra: pietra pancromatica

Pianta: cinquefoglie

Talismano del terzo decano della Vergine per la debolezza, la vecchiaia, la malattia, la pigrizia, la rovina delle membra, la distruzione del popolo

Immagine: Un uomo bianco di grande corporatura avvolto in un drappo bianco. Con lui vi è una donna che tiene in mano l'olio nero dell'uomo.

Pietra: euthlizon

Pianta: pappo squamoso

Talismano del terzo decano della Bilancia per le azioni cattive, la sodomia, l'adulterio, i musici, le gioie e i sapori

Immagine: Un uomo che cavalca un asino, e davanti a lui vi è un lupo.

Pietra: smeraldo

Pianta: verbena nana

Talismano del primo decano dello Scorpione per la tristezza, la cattiva volontà e l'inimicizia

Immagine: un uomo che regge nella mano destra una lancia e nella sinistra una testa umana.

Pietra: ematite

Pianta: mercorella

Talismano del terzo decano dello Scorpione per le cattive azioni e la violenza sulle donne
Immagine: un cavallo e una lepre.
Pietra: corniola
Pianta: peonia

Talismano del secondo decano del Sagittario per la paura, il lamento, il lutto, il dolore, la miseria e l'inquietudine
Nel Codex Vindobonensis il secondo decano del Sagittario si chiama Archìmoi Ieloùph.
Secondo il Picatrix il colore di questo decano è il giallo e lo si produce riscaldando di notte orpimento giallo nel fuoco. Poi mescolatelo con piombo bianco e polverizzatelo bene, aggiungete una piccola quantità di gomma arabica e usate l'inchiostro così ottenuto per scrivere.
Immagine: un uomo che conduce delle vacche, e davanti a lui vi sono una scimmia e un orso.
Pietra: ametista
Pianta: andraktitanon

Talismano del terzo decano del Sagittario per i pensieri malvagi, le avversità, i cattivi risultati, le cattive intenzioni, l'inimicizia, la dispersione, le azioni malvage
Nel Codex Vindobonensis il terzo decano del Sagittario si chiama Anasàm Terichèm.
Secondo il Picatrix il colore di questo decano è il marrone chiaro e per produrlo potete seguire le istruzioni già date sopra a proposito di questo colore.
Immagine: un uomo con un cappello che uccide un'altra persona
Pietra: aerizon
Pianta: centaurea

Talismano del primo decano dell'Acquario per la miseria, la povertà, la schiavitù
Nel Codex Vindobonensis il primo decano dell'Acquario si chiama Bazeìnch.
Si incide su una pietra di argilla.
Secondo il Picatrix il colore di questo decano è il rosso indaco e si fa con sangue di drago mescolato a gomma arabica.
Immagine: un uomo con la testa mozzata che tiene in mano un pavone
Pietra: knekite
Pianta: erba renella

I nomi dei 36 decani
In questa voce di Wikipedia troverete i nomi dei 36 decani secondo le varie tradizioni magiche dall'antico Egitto in poi: https://en.wikipedia.org/wiki/Decan

I sigilli dei 36 decani secondo il Codex Vindobonensis

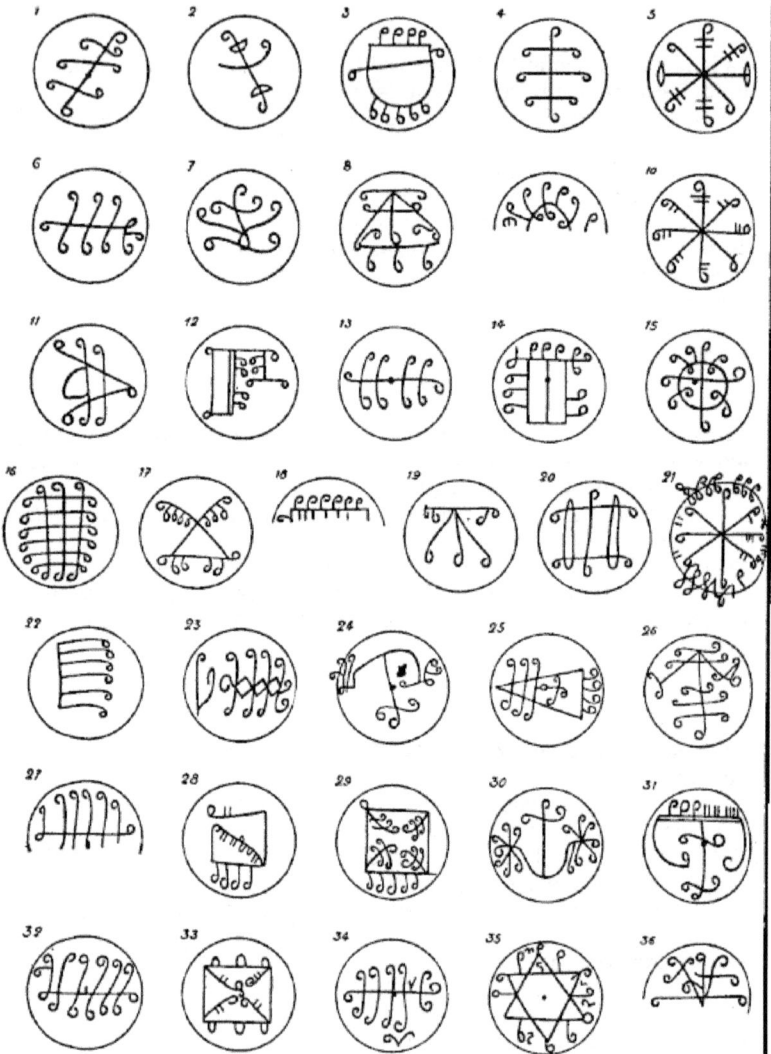

FIGURAE XXXVI DECANORUM.
Signa 9, 18, 27, 36 a bibliopega decisa sunt.

PARTE QUINTA
RITUALI DI ESECRAZIONE EGIZI E ALTRI TIPI DI RITI

I RITUALI DI ESECRAZIONE NELLA MAGIA DELL'ANTICO EGITTO: COME SCONFIGGERE E NEUTRALIZZARE LE FORZE DEL CAOS IMPERSONATE DA APOPHIS E SETH

Secondo gli antichi Egizi le forze del Caos che agiscono nel nostro mondo non risparmiano neanche la vita degli Dèi. La potenza della Magia dev'essere usata anche per sconfiggere e neutralizzare queste Forze, la cui azione si traduce in discordie, nemici, guerre, malattie, catastrofi naturali, e soprattutto, dal punto di vista esoterico, nell' incapacità di identificarsi con la Coscienza Superiore a causa della "forza di attrazione" dei dèmoni materiali, che tendono a "riportarci a terra" facendoci identificare con i livelli più bassi della nostra anima. Secondo gli Egizi perfino il Sole nel corso del suo percorso subita continuamente le minacce di Apep (Apophis), il serpente delle tenebre che ostacolava il cammino della barca solare. Sono queste continue minacce alla Maat, cioè alla Dea che, come sappiamo, incarna l'Ordine Cosmico.

I rituali di esecrazione potevano essere diretti anche contro un nemico della nazione o personale, una malattia, uno spirito che tormentava il celebrante ecc...Essi hanno quindi anche un valore esorcistico.

I rituali di esecrazione servivano proprio a neutralizzare le forze del Caos impersonate da Apophis o da Seth, e spesso ciò avveniva anche tramite l'ingestione di cibo (per esempio una focaccia) al quale veniva data la forma dell'essere da neutralizzare: a seguito di questa simbiosi il male da esse rappresentato si trasformava in potere del celebrante, potere che lo rendeva simile a un Dio proprio in virtù del dominio acquisito su di esse. Sappiamo infatti che, non potendo mai queste forze essere annullate del tutto, il vero problema è quello di armonizzarle, bilanciarle, così da poterle riconoscere come parti di noi e trasformale così da veleno in farmaco che ci renda più forti.

In altri casi invece venivano ritualmente distrutte statue o immagini di Seth o Apophis. Quest'ultimo era sempre rappresentato da un serpente, mentre Seth era spesso raffigurato come un ippopotamo.

Sappiamo che tra le altre cose Seth separa gli Dèi dagli uomini, rompendo la naturale unità tra il mondo terrestre e i mondi superiori. Si potrebbe quindi per esempio celebrare un rito in cui la distruzione di un'immagine di Seth serva proprio a ripristinare questa armonia.

Nella prima forma del rituale (quella basata sull'ingestione di cibo) il celebrante si identifica con Horus, cioè con colui che ha sconfitto Seth, e durante il rito porta l'offerta di una focaccia, la taglia in quattro parti e la mangia, dichiarando che Seth non esiste, e che le sue ossa e la sua carne sono ormai pasto dei suoi nemici. Con animo forte e calmo dichiara la sconfitta di tutti i suoi nemici e la sua vittoria su Seth.

In questa sede riporto soltanto un esempio della seconda tecnica rituale. Si tratta del Rituale contro Seth contenuto nel Papiro Louvre 3129 e 10252 del British Museum[8]:

---

[8] Ho tratto questa traduzione dal saggio "Segni e formule nella magia dell'antico Egitto" di Boris de Rachewiltz, Società Editrice Il Falco, 1984.

"Che venga portata una figurina di Seth in cera rossa. Incidere sul suo petto il nome "Seth il miserabile" e scriverlo con inchiostro fresco su di un foglio di papiro.
Legare con un filo di lana rosso. Pronunciaro la formula su essa.
Sputare su essa (quattro volte). Pronunciare la formula su essa.
Calpestarla con il piede sinistro. Pronunciare la formula su essa.
Colpirla con un dardo. Pronunciare la formula su essa.
Tagliarla con un coltello. Pronunciare la formula su essa.
Gettarla nel fuoco. Pronunciare la formula su essa.
Sputare nuovamente su di essa nel fuoco più volte. Pronunciare la formula su essa.

Per quanto riguarda le formule alle quali si fa riferimento, potete crearle voi stessi, magari sul modello di questa[9]:

"Legate, legate, o preposti alle vostre corde,
reggete, reggete, o preposti ai vostri lacci!
La vostra preda è questo miserabile nemico
Set, figlio di Nut, insieme ai suoi alleati,
che ha compiuto il male, ricominciato la violenza,
immaginato la rivolta per malizia.
Non avendo potuto battere, nel ventre (materno)
Il Primogenito (Osiride)
Fatto re prima di apparire sulla terra,
ha divisto il male prima di uscire dal ventre,
creando il disordine prima di avere un nome.
Infliggete il male a colui che l'ha inventato!
Sia danno su colui che ha complottato!

Vieni, Osiride, signore di Busiris, Khentamentiu, grande dio, signore di Abydos, e guarda questo successo oggi! Il Faraone ha abbattuto per te il tuo nemico. Ti ha condotto Seth il miserabile incatenato, ferito alle braccia, colpito alle gambe. L'Occhio Sacro è munito per il suo padrone. Seth il miserabile è legato e avvinto sotto le dita di Horu di Manu.

È evidente che lo schema di questa esecrazione può facilmente essere adattato per scopi più "terrestri", per esempio se si tratta appunto di liberarci da qualche nemico arrecandogli anche eventualmente qualche danno. Ma fate attenzione, perché non è facile controllare l'entità dei danni che potete causare con questo tipo di pratiche, e non di rado capita di eccedere andando al di là di quel che si voleva realmente fare.

Sacrifici agli dei ctoni
Nell'antichità si usava scavare una fossa nella terra e versarvi libagioni di vino e sangue. Si possono anche bruciare offerte animali e incensi.
Si facevano sacrifici anche per la consacrazione di oggetti e talismani. Nei Papiri Magici Greci, per esempio, per la consacrazione di una lamella di ferro

---

[9] Si tratta della prima delle formule del Papiro, ed è anche l'unica riportata nel testo sopra citato.

si prescrive di sacrificare un pollo bianco, mettendoli accanto 7 focacce, 7 biscotti e 7 lampade.

Defixiones a scopi amorosi nelle pratiche magiche antiche

Di solito queste tavolette di piombo erano lasciate nei pressi di una tomba affinché i defunti portassero agli dei ctoni il comando del mago. In particolare si invocavano coloro che erano morti prematuramente o di morte violenta.

Per assicurarsi l'amore di una specifica donna, innanzitutto si creava un'immagine di argilla della donna e una del mago; poi le si legava a un piatto di piombo e le si seppelliva vicino a una tomba, chiedendo agli occupanti della tomba di eseguire gli ordini del mago. In questi riti si invocavano gli dei/dee ctoni.

Il celebrante portava via qualche resto dalla tomba per stabilire un legame magico tra il defunto e il mago e pronunciava un'altra invocazione su questo *link*. A volte le braccia della vittima erano legate e l'immagine era trafitta con spilli di rame (metallo di Venere), un po' come nei riti hoodoo per l'amore, ma la pratica è di origine egizia e serve a provocare nella vittima una sorta di ossessione amorosa.

I materiali di una *defixio* possono essere abbandonati anche in una cisterna, grotta, mare o fiume. In esse si faceva largo uso di *nomina magica* e di nomi di dei e dèmoni.

Le tavolette di maledizione o "defixiones"

La *defixio* era una lamina di piombo incisa a graffio, arrotolata su se stessa e trafitta con chiodi[10]. I ritrovamenti archeologici indicano che queste tavolette erano molto usate nella Grecia e a Roma.

Si trattava di vere e proprie maledizioni, da qui l'uso di un materiale freddo e pesante come il piombo, della scrittura a graffio e dei chiodi. Sempre a questo scopo spesso la grafìa stessa era volutamente distorta o fatta in senso inverso (da destra verso sinistra) o con caratteri bustrofedici e simbolismi quasi indecifrabili (queste ultime precauzioni servivano soprattutto a rendere illeggibile il testo alle eventuali terze persone che avessero trovata la tavoletta). Le defixiones erano per lo più indirizzate agli dei ctoni e si prefiggevano di danneggiare un avversario il cui nome era solitamente scritto su di esse, talora insieme ad altri dati che ne consentissero una più precisa identificazione, come il nome dei genitori o il soprannome. Su di esse era inciso anche il testo dell'anatema. Di solito erano corredate da simboli e sigilli. Poiché le divinità ctonie sono associabili alle cavità della terra, il più delle volte queste tavolette venivano deposte in una buca.

Per quanto riguarda il materiale da usare, oggi si potrebbe anche usare semplice carta pergamena che poi può essere piegata e fissata in un pacchetto, per esempio in un cartoncino.

Come sempre in magia, anche in questo caso i testi da scrivere e recitare dovrebbero avere un carattere più ipnotico-ripetitivo che razionale e ragionativo. Meglio i versi della prosa, e meglio ancora se rimati. In questo caso, poi, il suddetto carattere è accentuato dall'uso tradizionale di inserire

---

[10] Per queste notizie vedi anche l'interessante voce che Wikipedia dedica a questo argomento.

anche simboli e caratteri il cui scopo è quello di esprimere ciò che non può essere detto a parole.

L'ideale sarebbe riuscire ad entrare in uno stato di coscienza alterato, cosa che si può fare per esempio danzando o suonando, specialmente strumenti a percussione. In questo stato di esaltazione potete creare voi stessi i simboli da inserire, "scrivendo il desiderio come se lo si stesse imprimendo sulla sostanza stessa della realtà con il fuoco"[11].

Si era soliti inserire anche un'immagine del demone o dio invocato, e/o un'immagine del destinatario degli effetti, raffigurato in una posa corrispondente all'effetto desiderato. Se per esempio si tratta di una persona che si vuole conquistare sessualmente, la si potrebbe rappresentare in atteggiamento lascivo e disponibile. Se si vuole che stia zitta, la si può rappresentare con la bocca imbavagliata, e così via.

Gli antichi invocavano non soltanto dei e demoni, ma anche gli eroi e gli antenati. In ogni caso, tenete presente che quanto più stretta è la vostra relazione con l'entità invocata, tanto più forti saranno gli effetti. La creazione di statue, immagini e talismani e la frequente recitazione di preghiere e invocazioni sono i mezzi migliori per stringere e mantenere una relazione privilegiata con un essere spirituale.

Alcuni autori affermano che è importante anche il vostro stato mentale durante il percorso al luogo in cui intendete depositare la tavoletta[12]. Anzi, potreste anche non scegliere preventivamente il luogo e farvi guidare dalle ispirazioni che vi vengono mentre passeggiate o dai segni che incontrate durante il percorso, come per esempio un volo di uccelli, una scena che attrae la vostra attenzione in maniera particolare ecc…Durante questo percorso dovreste mantenere una doppia coscienza, fisica e astrale, così che ogni cosa materiale diventi per voi manifestazione della cosa o dell'essere che le corrisponde nel sovrasensibile, fino al momento in cui, depositando la vostra defixio, affiderete definitivamente la vostra richiesta nelle mani del dio.

Poiché non bisognerebbe usare la Magia per il male, l'uso più utile di queste tavolette potrebbe riguardare quei casi in cui il legittimo scopo consiste nell'avere la meglio su un avversario, per esempio in un processo o in una qualsivoglia controversia in cui sentiamo che i nostri diritti potrebbero essere violati. Tuttavia in questi casi sarebbe meglio celebrare un rito "al positivo", quindi più che chiedere la disfatta dell'avversario potremmo chiedere la nostra vittoria.

Ma soprattutto dobbiamo considerare che, *mutatis mutandis*, la stessa tecnica potrebbe anche essere usata a fin di bene. L'importante è rispettare il più possibile i principi della magia simpatetica: il tipo di scrittura, la forma dei caratteri usati, i materiali, il luogo in cui si deposita la tavoletta, tutto dovrebbe richiamare "per simpatia" il nostro scopo. Se per esempio desideriamo l'amore di una persona, potremmo usare una scrittura morbida, dolce, in cui i punti sono sostituiti da cuoricini, il materiale usato è il rame (governato da Venere), i materiali sono fissati da una spilla recante l'effige di Cupido/Eros o a forma di cuore, mentre per quanto riguarda il luogo la si potrebbe sospendere ai rami di un albero governato da Venere, ancor meglio se si tratta di un albero che per alcune sue caratteristiche può essere associato alla persona desiderata.

---

[11] V. P. Dunn, op. cit.
[12] V. P. Dunn, op. cit.

Si potrebbero anche inserire brani di miti che ben si adattano al caso concreto e che hanno per protagonisti gli Dei da invocare. Il supporto scrittorio potrebbe essere asperso con acqua di rose o di gelsomino. Il tutto potrebbe essere legato con un fil di seta, ad indicare le carezze dell'amore. Oppure, se si tratta di amore erotico, la tavoletta potrebbe essere a forma di fallo maschile e depositata in qualcosa che ricorda un grembo di donna, o magari in qualsivoglia luogo associato ai piaceri del sesso (per esempio in un postribolo, o in qualsivoglia altro luogo in cui avvengono incontri erotici).

Non dimenticate che se le profondità dell'acqua e della terra sono associabili agli dei ctoni, l'aria e il fuoco lo sono agli dei noetici. Quindi il nostro incantesimo potrebbe anche semplicemente essere bruciato nel fuoco.

Né va trascurato il possibile uso alchemico di queste tavolette. In questo caso per esempio l'interramento di una tavoletta opportunamente preparata potrebbe per esempio essere fatto per aiutare l'iniziato durante la fase alchemica della cosiddetta *nigredo.* Oppure una tavoletta di un materiale che galleggia potrebbe essere lasciata in un corso d'acqua per aiutarci durante la cosiddetta *Prova delle Acque,* che consiste appunto nel non lasciarsi sommergere dalle simboliche acque, cioè dalla sempre mutevole e disordinata corrente della vita terrestre e delle sue passioni.

Come creare una bottiglia di Marte per proteggersi e/o attaccare

È uno dei più potenti magici di difesa e di attacco, e per farlo occorrono 5 chiodi di ferro, minerale che, come sappiamo, è associato a Marte[13]. Poiché la maggior parte dei chiodi oggi sono fatti di acciaio inossidabile, potrebbe essere necessario fare qualche scavo. Potrebbe essere usato anche qualche chiodo gigante arrugginito di ferrovia, che spesso si trovano presso i banchi dei pegni. Se proprio non potete far di meglio, prendete il vostro ferro da un'altra fonte. L'importante è che si tratti di ferro. Il ferro crea ruggine, e la ruggine è indispensabile per questo incantesimo, in quanto, essendo sia di ferro che rossa, è fortemente legata a Marte.

Il prodotto che si ottiene è detto anche Acqua di Guerra, ed è una delle più potenti acque magiche, che può aiutare a proiettare un cazzotto tremendo, che si tratti di una maledizione, di una protezione da un malefizio altrui, o qualsivoglia vigorosa e appuntita intenzione magica.

La bottiglia di Marte può essere conservata per sempre, in quanto man mano che si forma la ruggine acquista maggior potere. Fate attenzione nel maneggiarla perché versare anche solo alcune gocce può scatenare aggressive energie di Marte.

Può essere usata sia come agente protettivo, sia a scopi di proiezione, qualora si voglia inviare l'energia verso qualche altro destinatario. E poiché Marte è anche il "penetratore del fato", può essere usata anche a scopi di creazione e impregnazione. Può essere usata anche come fattore negativo di caos di qualsiasi tipo, per esempio per far litigare due persone tra loro, o anche per far combattere qualcuno contro se stesso e la propria mente. Per esempio si può spruzzare sulla porta del nemico per farlo fuggir via dalla sua

---

[13] Per questo rito v. Raven Digitals: "Planetary spells and rituals", Illewellyn, 2010

proprietà. Potrebbe anche essere usata per difendere la propria proprietà da ladri e altri invasori.

In altre parole, può essere usata sia per il bene che per il male. Potete anche crearla senza avere ancora uno scopo preciso, così da averla pronta in caso di emergenza.

L'acqua può essere usata per qualsiasi scopo associato a Marte, e dovrebbe essere creata preferibilmente nel giorno e nell'ora di Marte. Se la si crea per scopi benefici, Marte dovrebbe essere nelle sue dignità essenziali, altrimenti dovrebbe essere peregrino, in esilio o in caduta. Chi conosce bene l'astrologia elettiva potrebbe anche crearla in un momento in cui le configurazioni dei pianeti (e in particolare di Marte) sono favorevoli allo scopo perseguito.

Occorrono cinque chiodi di ferro, una eliotropia o una carneliana, un vasetto di vetro che si possa sigillare strettamente da riempire con acqua di sorgente, o comunque abbastanza pura.

Quando la usate, ricordate di togliere e spargere nell'acqua la ruggine che si sia eventualmente depositata ai bordi, facendo attenzione a non tagliarvi con i chiodi arrugginiti e a non far entrare la ruggine in contatto con eventuali ferite. Se la usate per fini malefici, aggiungete al momento del rito un po' di acqua bollente all'acqua di Marte insieme a pochi pizzichi dell'erba detta "barba dei frati", valeriana e zolfo. L'acqua piovana raccolta durante una violenta tempesta aggiunge un cazzotto in più. Lasciate il tutto in infusione.

Iniziate il rito con i rituali protettivi che preferite, cantate e generate energia come siete soliti fare, fino ad alterare il vostro stato di coscienza. Concentratevi sul vostro respiro e meditate per qualche minuto.
Invocate l'energia di Marte:

O santo Marte nella sfera celeste! Egli è colui che è fuoco! Egli è colui che è protezione! Egi è colui che è severità! Io ti invoco per aiutarmi in quest'opera e prestare la tua sacra quintessenza a questo rito!

Immergete ad uno ad uno i chiodi nel vaso vuoto e dite:

Per il potere del fuoco – il pentagramma protettivo e la vibrazione di Hod – il ferro serve al suo scopo.

Immergete l'eliotropia nel vaso e dite:

Per il potere del sangue e la magia della Terra vivente, questo vaso viene alla vita.

Riempite il vaso di acqua e dite:

Di giorno in giorno questo potere accresce la sua forza. Come l'acqua e il ferro creano la ruggine, così questa bottiglia è un incantesimo alchemico degli aspri e duri poteri di Marte.

Sigillate il vaso e agitatelo violentemente. Ballate e saltate intorno allo spazio riempiendo così il vaso con la vostra energia sia fisica che psichica. E mentre fate questo, ripetete sempre la parola "Marte". Senza fermarvi, fate rotolare il vaso a terra finchè non si ferma. Gridate:

La bottiglia di Marte è completa! Così sia.

Ringraziate Marte e chiudete il cerchio come fate di solito. Il potere della bottiglia aumenterà con il passare del tempo.

Offerte ad Ecate

È la dea più adatta alla protezione dagli spiriti demonici, e le offerte dovrebbero essere fatte alla Luna Nuova e deposta a un incrocio, meglio se di tre strade. I cibi sacri ad Ecate da offrire sono pane, formaggio, dolci, miele, aglio, muggine rossa. Ecco un inno adatto allo scopo:

Salute a te, o madre degli Dei dai molti nomi,
i cui figli sono giusti.
Salute a te, potente Ecate, signora della soglia
Tu che cammini svelata e selvaggia attraverso tombe
E terre di cremazione
Con un manto color zafferano, coronata con foglie di quercia e serpenti arrotolati
Tu che sei seguita da orde di fantasmi, cani e spiriti senza riposo
Io vengo a te per aiuto.
Ti invoco per i tuoi nomi segreti:
Aktiophis, Ereshkigal, Nebotosoualeth
Carica questo sigillo e rendilo potente
Che esso possa incantare gli spiriti che causano danni e problemi
Che le Empuse siano intrappolate in esso
Che le Lamie siano intrappolate in esso
Che Mormo sia intrappolata in esso
Che le Vrykolagas siano intrappolate in esso
Che gli Apotropaioi siano intrappolati in esso
Che tutti i tipi di spettri, fantasmi e demoni malvagi
Siano attratti nei triangoli
E vivano per sempre entro i confini del sigillo.
Ecate, signora della Soglia,
accetta la mia offerta e benedici questo sigillo.

BIBLIOGRAFIA

ALBANO, GIACOMO: "LEZIONI DI MAGIA PRATICA E TEURGICA" (riservato agli studenti del mio Corso di Magia Hoodoo e stregoneria).

ALBANO, GIACOMO: "MAGIA ASTRALE E TALISMANI. COME CREARE IMMAGINI ASTROLOGICHE DOTATE DI POTERE MAGICO", EDIZ. LULU E YOUCANPRINT, 2013

THE BOOK OF THE TREASURY OF ALEXANDER, RENAISSANCE ASTROLOGY, 2010

IBN ARABI: "DE IMAGINIBUS"

ILLES, JUDICA: "ENCYCLOPEDIA OF SPIRITS", HARPERONE
MICKAHARIC, DRAJA: "MAGICAL USES OF MAGNETS", IBIS PRESS

PICATRIX. GHAYAT AL-HAKIM, «IL FINE DEL SAGGIO» DELLO PSEUDO MASLAMA AL-MAGRITI, MIMESIS, 1999
RAVEN DIGITALS: "PLANETARY SPELLS AND RITUALS", LLLEWELLYN, 2010

YRONWODE, CATHERINE; "HOODOO HERB AND ROOT MAGIC", LUCKY MOJO, 2002.
HTTP://WWW.LUCKYMOJO.COM/

TUTTI I LIBRI DELLA COLLANA "MAGIA PRATICA E STREGONERIA. I RITI E GLI INCANTESIMI PIU' POTENTI DI OGNI TRADIZIONE MAGICA

(Alcuni di questi libri sono stati già pubblicati, altri lo saranno nei prossimi mesi)

GUIDA INTRODUTTIVA ALLA MAGIA PRATICA, ALL'HOODOO E ALLA STREGONERIA
RITI PER LA SALUTE E LA GUARIGIONE
RITI PER L'AMORE
RITI PER L'AMORE GAY
RITI PER PROCESSI, QUESTIONI LEGALI E INVISIBILITA'
RITI PER LA PROTEZIONE
RITI PER IL DANARO E IL LAVORO
RITI PER LA DOMINAZIONE E IL CONTROLLO MENTALE

OPERE DELLO STESSO AUTORE

LE QUINDICI STELLE BEHENIANE TRA MAGIA E ASTROLOGIA (edizioni Youcanprint e Lulu, 2018)

LEZIONI DI MAGIA PRATICA E TEURGICA (RISERVATO AGLI STUDENTI DEL CORSO DI MAGIA HOODOO, vedi il sito dell'autore www.astrologiaprevisionale.net)

LE IMMAGINI CELESTI: MONOMERI, DECANI, COSTELLAZIONI E STELLE FISSE - VOL 1: MONOMERI E DECANI

LE IMMAGINI CELESTI: MONOMERI, DECANI, COSTELLAZIONI E STELLE FISSE – VOL 2: COSTELLAZIONI E STELLE FISSE

ASTROLOGIA DEI RAGGI. COME I RAGGI DELLE STELLE CREANO IL MONDO (edizioni Youcanprint e Lulu, 2017)

TRATTATO DI ASTROLOGIA ORARIA TRADIZIONALE (edizioni Youcanprint e Lulu, 2012)

TRATTATO DI ASTROLOGIA ELETTIVA TRADIZIONALE (edizioni Youcanprint e Lulu, 2013)

LE DIMORE LUNARI IN ASTROLOGIA ELETTIVA (edizioni Youcanprint e Lulu, 2012)

ASTROLOGIA ORARIA AVANZATA. Tecniche avanzate, divinazione, domande di natura metafisica, interpretazione di segni premonitori (edizioni Youcanprint e Lulu, 2014)

MACROCOSMO E MICROCOSMO IN ASTROLOGIA. Saggi di cosmologia esoterica e astrologia oraria, elettiva, genetliaca e mondiale (edizioni Youcanprint e Lulu, 2013)

COME RICEVERE VITA DAL CIELO (Opera di Marsilio Ficino, traduzione e commento di Giacomo Albano) (edizioni Youcanprint e Lulu, 2014)

MAGIA ASTRALE E TALISMANI. Come creare immagini astrologiche dotate di potere magico (edizioni Youcanprint e Lulu, 2013)

IL MISTERO DI GESU' SVELATO DALL'ASTROLOGIA (edizioni Youcanprint e Lulu, 2009)

ASTROLOGIA DELLE BORSE. Come prevedere l'andamento dei mercati finanziari con l'astrologia classica (edizioni Youcanprint e Lulu, 2011)

L'INCESTO FILOSOFALE (ZEROUNOUNDICI EDIZIONI, 2008)

L'INTERPRETAZIONE DEL TEMA NATALE CON L'ASTROLOGIA CLASSICA (edizioni Youcanprint e Lulu, 2014)

MAGIA E TEURGIA ASTROLOGICA. CULTI ASTRALI E PRATICHE MAGICO-TEURGICHE (edizioni Youcanprint e Lulu, 2015)

ASTROLOGIA ORARIA FINANZIARIA (edizioni Youcanprint e Lulu, 2015)

Per leggere presentazioni ed estratti di queste opere: www.astrologiaprevisionale.net (Nel sito troverete informazioni anche su vari tipi di Corsi di Astrologia e Magia astrologica, articoli e altro materiale).

Lightning Source UK Ltd.
Milton Keynes UK
UKHW020726040521
383105UK00013B/968